Adolf Zimmer

Die Jagd-Feuergewehre

Verone

Adolf Zimmer

Die Jagd-Feuergewehre

1st Edition | ISBN: 978-9-92500-032-6

Place of Publication: Nikosia, Cyprus

Erscheinungsjahr: 2015

TP Verone Publishing House Ltd.

Nachdruck des Originals von 1869.

DIE JAGD-FEUERGEWEHRE.

Anleitung

zur

näheren Kenntniss und zum richtigen Gebrauch der Jagd-Gewehre.

Von

ADOLF ZIMMER.

Mit 10 Tafeln Abbildungen.

Vorwort.

So reich im Allgemeinen die Jagdliteratur im weiteren Sinne des Wortes ist, musste ich doch, wahrscheinlich mit den meisten Jägern, die Erfahrung machen, dass gerade der Zweig der Jagdwissenschaft, dessen Kenntniss für den praktischen Jäger unumgänglich nöthig ist — ich meine die Technologie der Jagd-Feuerwaffen — nur mangelhaft in der Literatur vertreten ist.

Es kann selbstverständlich nicht in meiner Absicht liegen, und würde auch den Zweck, den ich bei Abfassung dieses Buches im Auge habe, verfehlen, wenn ich es unternehmen wollte, eine vollständige Technologie der Jagd-Gewehre hier zu liefern. Einer solchen Aufgabe wäre nur ein Mann gewachsen, der selbst längere Zeit einer grösseren Gewehrfabrik vorgestanden hat; es könnte Dies also nur die Arbeit eines Fabrikanten sein, und es würde eine solche Schrift wieder einen grösseren Nutzen für Waffenfabrikanten und Büchsenmacher, als für Jäger haben. Denn es wird dem Jäger wenig nützen, wenn er erfährt, wie einzelne Gewehrtheile angefertigt, wie Läufe gebräunt, wie Schlösser gehärtet und grau gemacht werden etc. Desshalb werde ich von diesen Dingen nur das Nothwendigste anführen oder sie nur flüchtig berühren. Dagegen wird eine Beschreibung der verschiedenen Systeme der Jagdgewehre, eine unparteiische Kritik ihrer Vor- und Nachtheile, besonders der Percussions-, Vorderladungs- und neuen Hinterladungs-Gewehre, ferner Abhandlungen über das Laden und Anschiessen der glatten und gezogenen Feuerwaffen, über ihre Behandlung vor und nach der Jagd, über Patronenanfertigung etc. für den Jäger von grösstem Nutzen und Interesse sein. Diese Dinge möglichst ausführlich zu erörtern, ist der Zweck meiner Schrift.

Durch lange und häufige Ausübung jeder Art von Jagd mit den verschiedensten Gewehren, durch den Besuch grosser Gewehrfabriken, durch die Bekanntschaft mit vielen Waffenfabrikanten und tüchtigen Büchsenmachern, sowie durch die zahlreichsten und sorgfältigsten Versuche, glaube ich in den Stand gesetzt zu sein, dem jagdliebenden Publikum zuverlässige und richtige Angaben bieten zu können. Dass ich dabei die einschlägliche Literatur, so weit sie mir bekannt war, gewissenhaft benutzt habe, bedarf wohl keiner weiteren Versicherung.[1]

Als Gewichtseinheit habe ich das Gramm, als Maasseinheit das Meter angenommen. Nur da, wo mir die Maassbestimmung nach Fuss und Zoll aus besonderen Gründen geboten erschien, habe ich auch diese hinzugefügt.[2] Die Tafeln sind nach eigenhändig von mir entworfenen Zeichnungen getreu und sorgfältig ausgeführt.

Allen denen, die mich durch Rath und That bei Ausführung meiner Arbeit unterstützt haben, sage ich hiermit meinen wärmsten Dank. Meine Arbeit aber empfehle ich der wohlwollenden Beurtheilung Derjenigen, welchen ich durch dieselbe einen Dienst zu leisten bemüht war.

Allen braven Jägern ein aufrichtiges Waidmannsheil!

---

[1] Um ausführliche Wiederholungen von Citaten zu vermeiden, lasse ich hier die von mir zu Rathe gezogenen Schriften folgen: 1) Lehrbuch der Chemie von Victor Regnault und Adolf Strecker, Professoren der Chemie zu Paris und Tübingen; 2 Bände, sechste Aufl. Druck und Verlag von Friedrich Vieweg u. Sohn, Braunschweig 1863. 2) Chemische Technologie, Lehrbuch zum Unterricht und Selbststudium von Dr. Friedrich Knapp, Professor der angewandten Chemie am Polytechnicum zu Braunschweig; 3 Bände, Braunschweig 1866, bei Friedrich Vieweg und Sohn. 3) Chemische Technologie von J. R. Wagner, Professor in Würzburg; sechste Auflage, Leipzig 1866, Verlag von Otto Wigand. 4) Graham-Otto, Ausführliches Lehrbuch der Chemie: vierte Auflage; Braunschweig 1863, bei Friedrich Vieweg und Sohn. 5) Handbuch für Jäger, Jagdberechtigte und Jagdliebhaber von G. F. Dietrich aus dem Winkell, zweite Auflage, 3 Bände; 1820, Leipzig: F. A. Brockhaus. 6) Wildanger, Skizzen aus dem Gebiete der Jagd und ihrer Geschichte mit besonderer Rücksicht auf Bayern von Franz von Kobell; Stuttgart, J. G. Cotta'scher Verlag, 1859. 7) Die Kartätschpatrone für die Percussions-Flinte, von Julius Köhr, Königlichem Salinenförster in Schönebeck bei Magdeburg; zweite Auflage, Schönebeck, 1865, Verlag von Ernst Berger. 8) Das Wesen der Hinterladungs-Gewehre von Ignaz Neumann, Waffenfabrikant zu Lüttich; Weimar 1867, bei Bernhard Friedrich Voigt. 9) Derselbe, Leitfaden für Jäger und Waffenliebhaber, mit besonderer Berücksichtigung der neuen Systeme; Crefeld 1865, Druck und Verlag von J. B. Klein. 10) Unsere Zeit, Jahrbuch zum Conversations-Lexikon; 42stes Heft des vierten Bandes, die gezogenen Feuerwaffen (erster Artikel); 11tes Heft des dritten Jahrgangs (Neue Folge), das preussische Zündnadel-Gewehr und seine Concurrenzwaffen (zweiter Artikel); Leipzig, Fr. A. Brockhaus. 11) Beschreibung der Dreyse'schen Zündnadel-Gewehre von Fr. von Dreyse, Königl. Commissions-Rath zu Sömmerda. 12) Neue Studien über die gezogene Feuerwaffe der Infanterie von W. von Ploennies, Hauptmann, Ritter etc., 4 Bände, 1861—1867, Darmstadt, Eduard Zernin.

[2] 1 M. (Meter) = 10 Dm. (Decimeter, 1 Dm. = 10 Cm. (Centimeter, 1 Cm. = 10 Ml. (Millimeter). Ein ' (Fuss) hess. = 10'' (Zoll) 1'' = 10''' (Linien). 1 M. = 4', 1 Dm. = 4'', 1 Cm. = 4'''. Zum besseren Verständniss vergleiche man den Maassstab auf Taf. V.

Giessen, 1869.

Der Verfasser.

Inhaltsverzeichniss.

Seite

I. Allgemeiner Theil.

I. Capitel. Bau der Jagd-Gewehre.

§. 1. Einläufige und doppelläufige Gewehre 1
§. 2. Eintheilung der Doppelgewehre, ihre Bestimmung 1
§. 3. Bestandtheile der Jagdgewehre. 1) Die Läufe oder Rohre, 2) der Schaft, 3) Schlösser, Garnitur, Abzüge und Stechschloss 1
§. 4. Visirung der Jagd-Gewehre 4
§. 5. Gewicht der Jagd-Gewehre 4

II. Capitel. Die beim Gebrauche der Jagd-Gewehre nöthigen Erfordernisse.

§. 6. Das Schiesspulver 4
§. 7. Blei, Geschossformen, Geschossgiessen 6
§. 8. Das Schrot 7
§. 9. Der Gebrauch des Schrots und der Geschosse zur Jagd . . . 8
§. 10. Jagdtaschen, Patrontaschen 8
§. 11. Gewehrfutterale, Transportkasten 9
§. 12. Die zum Putzen und Reinhalten der Gewehre nöthigen Geräthschaften und Materialien . . 9

II. Besonderer Theil.

A. Vorderladungs-Gewehre.

I. Capitel. Das Percussions-Gewehr.

§. 13. Begriff des Vorderladungs-Gewehres 9
§. 14. Beschreibung des Percussions-Gewehres 9
§. 15. Das Schloss und Stechschloss 11
§. 16. Das Anschiessen der Flinten; Laden der Percussions-Flinte . . . 12
§. 17. Patronenladung der Percussions-Flinte 16
§. 18. Von den gezogenen Feuerwaffen (Büchsen) überhaupt 20
§. 19. Die verschiedenen Ladungsarten der Percussions-Büchsen . . . 21
§. 20. Das Anschiessen der Büchsflinten und Doppelbüchsen 24
§. 21. Reinigen und Instandhalten des Percussions-Gewehres, seine Behandlung vor und nach der Jagd . . 26
§. 22. Die beim Gebrauche des Percussions-Gewehres speciell nöthigen Erfordernisse . . . 28

B. Hinterladungs-Gewehre.

II. Capitel. Vorbemerkungen.

§. 23. Begriff des Hinterladungs-Gewehres 29
§. 24. Zur Geschichte und Einführung der Hinterladung in Rücksicht auf Militär- und Jagdwaffen, die vier Kategorien der Hinterladungs-Gewehre, Verschlussmechanik, Obturation und Crachement . . 29

Erste Kategorie.

III. Capitel. Das Schnelllade-Gewehr.

§. 25. Beschreibung etc. 31

Zweite Kategorie.

IV. Capitel. Das Lefaucheux-Gewehr.

§. 26. Beschreibung der Mechanik etc. 31
§. 27. Das Reinigen etc. 35
§. 28. Die Vorzüge des Lefaucheux-Gewehres 36

V. Capitel. Das Lancaster-Gewehr.   Seite

§. 29. Beschreibung etc.   37

Dritte Kategorie.

VI. Capitel. Dreyse'sches Zündnadel-Jagdgewehr, welches die Einheitspatrone ganz verschiesst.

§. 30. Beschreibung etc.   39

VII. Capitel. Dreyse'sches Zündnadel-Jagdgewehr, dessen Patronen zur Verhütung des Crachements mit Schlussspiegeln umgeben sind.

§. 31. Beschreibung der Mechanik, der Patrone etc.   40

§. 32. Das Reinigen, Auseinandernehmen, Uebelstände etc.   42

Vierte Kategorie.

VIII. Capitel.

§. 33. Bemerkungen über die Zündnadel-Gewehre mit senkrechtem Nadelstoss   44

Schlussbetrachtung   44

Anhang. Ueber Schiessenlernen   45

I. Allgemeiner Theil.

I. Capitel.

Bau der Jagdgewehre.

§. 1.

In früherer Zeit, wo man das *doppelläufige* Gewehr *(Doppelgewehr)* noch nicht kannte, wurde die Jagd mit *einläufigen* Gewehren, deren Läufe von sehr verschiedener Länge und die theils ganz, theils nur halb geschaftet waren, ausgeübt. Die einläufigen Gewehre (Flinten sowohl als Büchsen) sind durch die doppelläufigen, seitdem deren Anschaffung durch den billigen Preis so sehr erleichtert worden ist, nach und nach verdrängt worden.

Auch die Doppelgewehre mit *übereinander liegenden* Läufen und zwar sowohl 1) die mit übereinander festliegenden Läufen und doppelten Schlössern, als auch 2) die mit übereinander liegenden Läufen, von denen nach Belieben der eine oder der andere obenhin gedreht werden kann (daher Wender oder Dreher) und einem Schlosse haben sich nicht als practisch erwiesen und waren nie sehr geachtet; sie dürften ebenfalls beinahe gänzlich verschwunden sein.

Allgemein werden jetzt Doppelgewehre mit *nebeneinander liegenden* Läufen geführt.

§. 2.

Die Doppeljagdgewehre werden eingetheilt in

1) *Doppelflinten*, an welchen beide Läufe glatt sind und aus welchen mit Schrot geschossen wird.

2) *Büchsflinten*, an welchen der eine Lauf glatt, der andere aber gezogen ist und die zum Geschoss- und Schrotschiessen gebraucht werden.

3) *Doppelbüchsen*, an denen beide Läufe gezogen sind und die ausschliesslich mit Geschossen geladen werden.

Nach der verschiedenen Art die Gewehre zu laden unterscheidet man

1) *Vorderladungs-* und

2) *Hinterladungsgewehre*.

§. 3.

Alle Jagdgewehre sind aus folgenden Haupttheilen zusammengesetzt: Aus 1) den *Läufen*, 2) dem *Schafte*, 3) den *Schlössern*, 4) der *Garnitur*, und 5) entweder den *Abzügen* (bei Flinten) oder dem *Stechschloss* (bei Büchsen). Bei den Hinterladungsgewehren kommt noch die *Verschlussmechanik* mit den dazu gehörigen Theilen in Betracht.

1) Die Läufe oder Rohre sind die wichtigsten Theile des Gewehres. Jeder Lauf wird einzeln hergestellt, die Läufe zu Doppelgewehren werden zusammengelöthet. Der Lauf wird verfertigt: a) entweder aus reinem *Eisen*, oder er ist b) ein *damascirter* Lauf, oder er wird c) aus *Gussstahl* geschmiedet.

Ad a) Der Lauf wird aus *einer* Eisenplatte, die oft und dadurch möglichst rein ausgeschmiedet worden, über einem runden nach dem einen (vorderen) Ende sich verjüngenden Eisenstab seiner ganzen Länge nach zusammengeschweisst.

Ad b) Ein Damastlauf (franz. *canon tordu* oder *canon à ruban*) wird auf folgende Weise verfertigt: Zuerst werden durch Zusammenschweissen von Stahl und Eisendrahtstücken 1 Cm. breite, 5—6 Ml. dicke, bis zu 5 Ml. lange Bandstreifen hergestellt. Mit diesen wird dann der ad a beschriebene Dorn, nachdem er zuvor mit einer Hülse[1]) von Eisenblech umhüllt worden ist, wie mit einem Bande bis zu der erforderlichen Länge des Laufes fest umwunden. Hierauf wird der so hergestellte unförmliche Lauf glühend gemacht und unter dem *Rohrhammer* oft und so lange bearbeitet, bis alle Bandwindungen auf das sorgfältigste und innigste mit einander verbunden sind. Das Verfertigen von Damastläufen besteht also aus zwei verschiedenen Arbeiten. Die Vorarbeit, das Zusammenschweissen der Bandstreifen, nennt man *Damastflechten* oder *Damastspinnen*. Die Kunst des Damastflechtens, besonders der feineren Sorten, ist nicht allen Gewehrfabrikanten bekannt. Nur an einigen Orten, z. B. in Lüttich und St. Etienne, wird Damast gesponnen und die fertigen

---

[1]) Die Hülse wird, wenn der Lauf fertig geschmiedet ist, wieder herausgebohrt; der damascirte Lauf ist also durchaus von Damast.

1

Läufe an die anderen Fabriken versandt.[7]) Je nach dem mehr oder weniger feinen Flechten des Damastes unterscheidet man Banddamast, englischen Damast, Hufnagel- Rosen- und türkischen Damast u. s. w.

Ad c) Die Läufe werden massiv aus reinem Gussstahl geschmiedet.

Auf den Schusseffect und die Treffähigkeit hat es keinen besonderen Einfluss, ob ein Gewehrlauf aus Eisen, aus Gussstahl oder aus Damast verfertigt ist. Dies ist im Ganzen einerlei, wenn nur das dazu verwendete Material rein und sorgfältig bearbeitet wurde. Doch sind damascirte Läufe durch die Feinheit der Arbeit, sowie Gussstahlläufe dauerhafter und man ist beim Gebrauche derselben im höchsten Grade vor dem Zerspringen beim Schusse gesichert. Je feiner der Damast geflochten ist, um so haltbarer ist der Lauf. Damastläufe, welche gewöhnlich die theuersten sind, werden hauptsächlich zu Doppelflinten, Gussstahlläufe mehr zu Büchsflinten und Doppelbüchsen verarbeitet.

An der *Kammer*, d. h. dem unteren Laufende, welches bestimmt ist, die Ladung aufzunehmen, müssen die Läufe wegen der fortgesetzten Erschütterung bei der Entzündung des Schusses etwas mehr Eisenstärke haben, wie in der Mitte und an der Mündung; doch soll der Unterschied ein nicht zu auffallender sein, weil die Läufe dann ein übles Ansehen bekommen. Wenn der Lauf fertig geschmiedet ist, wird er mit scharfen stählernen Bohrern kugelgleich ausgebohrt, äusserlich aber, je nach der Form, die er erhalten soll, eckig oder rund gefeilt; die gewöhnlichere und schönere Form ist die runde.

Die weitere Bearbeitung des Laufes hängt nun davon ab, ob er ein Flinten- oder Büchsenlauf werden soll.

Um *a)* einen *Flinten*lauf herzustellen, wird der Lauf nach dem Ausbohren mit der Kolbstange *ausgekolbt*.

Die *Kolbstange* ist ein am unteren Ende mit einem hölzernen Quergriff versehener, etwa 1 M. langer, starker Eisendraht; am oberen Ende ist ein nach dem Kaliber des Laufes mehr oder weniger dicker 2.6 Dm. langer hölzerner Cylinder befestigt, in dessen Mitte auf zwei gegenüber liegenden Seiten 6 Cm. lange, 1 Cm. breite mit schrägen Feilenhieben versehene Stahlstückchen eingelegt werden. Der Büchsenmacher kolbt nun den Lauf, indem er die Kolbstange am Handgriff fasst, den Holzcylinder mit den Stahlschneiden in den Lauf schiebt und durch beständiges Hin-

und Herziehen desselben sehr feine parallel laufende Ritze in die Seelenwände des Laufes einschneidet. Das Kolben erfordert sehr geschickte Büchsenmacher, nicht alle verstehen es.

Die Länge eines Flintenlaufes soll 7,6 bis 8,3 Dm. = 30 bis 33" betragen. Von der Ansicht, dass ein sehr langer Lauf den Schluss verbessere, ist man längst abgekommen, weil man sich von deren Unhaltbarkeit überzeugt hat. Gewehre mit zu langen Läufen üben übrigens auch bei der Entzündung des Schusses eine sehr starke Rückwirkung auf die Schulter und Wange des Jägers, sind gewöhnlich vorderwichtig und schwer zu handhaben.

Um *β)* einen *Büchsen*lauf herzustellen, werden mit dem *Ziehkolben*[3]) die *Züge*, unter sich parallele, aber in spiraler Windung an den Seelenwänden des Rohres herumlaufende Längeneinschnitte eingefeilt, welche dazu dienen, den Spielraum des Geschosses aufzuheben und ihm die genaue und sichere Führung zu geben. Die zwischen den Zügen erhaben liegenden Streifen heissen die *Balken* oder *Felder*. Die Büchsenläufe werden, weil sie stärker im Eisen und mithin schwerer sind, etwas kürzer, wie die Flintenläufe gemacht.

In allen Fabriken wird die Haltbarkeit jedes fertig bearbeiteten Laufes mit doppelter oder dreifacher Ladung Pulvers probirt. Zum Zeichen der gut bestandenen Probe schlägt der Fabrikant den Anfangsbuchstaben seines Namens oder sonst ein Zeichen (Marke) auf die untere Seite des Laufes. Die Haltbarkeit des Gewehrlaufes ist seine erste und wichtigste Eigenschaft. Durch fehlerhafte Läufe, die ohne Probe in's Publikum gebracht werden, kann grosses Unglück entstehen. Die Probe ist daher in den meisten Staaten gesetzliche Vorschrift; in Lüttich u. a. O. bestehen amtliche Probiranstalten.

Bei allen Doppelgewehren, besonders bei Büchsflinten und Doppelbüchsen, müssen die Läufe gerade gerichtet und mathematisch parallel zusammengelöthet werden. Die *Schiene*, der die obere Rinne zwischen den Läufen ausfüllende Stab, ist entweder ganz eben, oder etwas rundlich vertieft. Im Allgemeinen ist dies von geringem Belang, doch soll die Schiene nicht zu

---

[7]) Daher kommt es auch, dass in Lüttich die feineren Damastläufe viel billiger sind, wie in Suhl und andern Fabrikorten.

[3]) Der vollständige Hergang beim Ziehen einer Büchse ist, wie noch verschiedene andere Manipulationen, schwierig zu beschreiben. Der Jäger, welcher sich hierfür besonders interessirt, begebe sich in die Werkstätte eines geschickten Büchsenmachers, wo ihm durch eigne Anschauung derartige Dinge weit eher und besser klar werden, als durch die ausführlichste Beschreibung.

tief ausgehöhlt und nicht zu schmal sein. Aeusserlich müssen die Läufe gefärbt werden und dürfen nicht blank und glänzend sein, weil der Jäger sonst von dem Wilde zu früh gemerkt wird. Eisen- und Gussstahlläufe werden gewöhnlich braun gefärbt, ebenso Damastläufe. Letztere werden auch grau gebeizt. Gebeizte Läufe, deren Oberfläche sich rauh anfühlt, weil die Damastzeichnungen theilweise erhaben liegen, rosten leicht und müssen häufig mit Oel eingerieben werden. Die braungefärbten Damastläufe fühlen sich glatt an, verlangen keine so sorgfältige Behandlung, wie die gebeizten und sind desshalb, namentlich auch, weil sie am wenigsten schimmern und glänzen, diesen vorzuziehen. Die Zeichnungen der damascirten Läufe treten erst durch das Färben oder Beizen hervor. Unächte Damaste, d. h. Nachbildungen des Damastes auf gewöhnlichen Eisenläufen, sind daher leicht zu erkennen; man braucht dazu nur an irgend einer Stelle des Laufes den Damast abzuschaben und nachher etwas Salpeter- oder Schwefelsäure auf die blanke Stelle zu bringen; tritt dann die Damastzeichnung nicht wieder hervor, so ist der Lauf unächt d. h. von reinem Eisen.

2) Der *Schaft.* Der *Schaft* wird aus gesundem, festem und trockenem Holze verfertigt. Gewöhnlich nimmt man dazu schön vermasertes Nussbaumholz. Die Adern des Schaftholzes müssen mit dem Laufe möglichst parallel ziehen, namentlich da, wo die Schlösser eingelassen sind, weil hier durch das Einlegen der verschiedenen Eisentheile das Holz besonders geschwächt wird. Viel kommt es bei dem Gebrauche eines Jagdgewehres auf eine gute Schaftung an. Ein mittelstrack geschaftetes Gewehr ist im Durchschnitt das beste; so werden auch jetzt, wenigstens in Deutschland, die meisten Schafte gebaut. Mit einem zu steil oder zu strack geschafteten Gewehre (d. h. dessen Schaftkolben zu wenig gesenkt ist) schiesst man leicht zu hoch, mit einem zu krumm geschafteten (d. h. dessen Schaftkolben zu viel Senkung hat) leicht zu kurz. An der linken (inneren) Seite des Schaftkolbens ist der Backen, dessen Oberfläche ein wenig concav ist, zum besseren Anschlagen angebracht; für Jäger, die links schiessen, ist der Backen auf der rechten (äusseren) Seite des Schaftkolbens. Es kommt bei dem Gewehrschafte viel auf die Länge des Halses und die Gesichtsform des Jägers an; Leute mit vollem Gesichte und starken Backenknochen müssen krummer geschaftete Gewehre haben, wie solche mit schmalem Gesichte; ebenso kann ein Jäger mit einem kurzen

Halse kein strack geschaftetes Gewehr brauchen, weil er beim Anschlagen nicht so weit vorfallen kann, wie einer, dessen Hals länger ist. Es muss sich Dies eben jeder für sich passend machen lassen. An den englischen Schaften fehlt der Backen gänzlich; der französische Schaft hat einen schwach hervortretenden Backen mit etwas convexer Oberfläche und der Schaftkolben ist bedeutend gesenkt und abgerundet. Diese krummen französischen Schafte haben die schlechteste Lage; ihnen ist immer noch der englische backenlose Schaft vorzuziehen, aber die deutsche Schaftform[1]) ist unstreitig die bequemste.

Alle Verzierungen des Schaftes, als eingelegte oder eingeschnittene Jagdstücke, Halsverlängerungen nach unten, woran Thier- oder Menschenköpfe geschnitzt sind (bei französischen Schaften ist Dies gewöhnlich der Fall), sind unnöthig und verunstalten den Schaft oft, anstatt ihm ein besseres Ansehen zu geben. Am geschmackvollsten sieht der Schaft aus, dessen untere Linie vom Bügel bis an die Kappe ganz gerade ohne Halsverlängerung oder Wölbung nach aussen oder innen geschnitten ist und dessen obere Linie vom Ende des Kolbenhalses bis an die Kappe mit der Laufschiene möglichst parallel läuft. Der Kolbenhals darf nicht zu dünn und nicht zu dick sein. Im ersteren Falle wird der Schaft zu zerbrechlich und unschön, im zweiten Falle kann die Hand nicht bequem in die Abzüge hineingreifen. Endlich soll der Schaft nicht polirt oder lackirt sein. Polirte Schafte glänzen zu sehr und sehen, wenn sich die Politur oder der Lack durch häufigen Gebrauch stellenweise abgerieben hat, schlecht aus. Das schönste Ansehen hat der Schaft, der mit einer feinen Schlichtfeile glatt gefeilt und mit gekochtem Leinöl getränkt ist. Ein äusserlich so behandelter Schaft ist gegen Nässe ebenso unempfindlich wie ein polirter und behält, namentlich wenn der Besitzer desselben das Oeleinreiben von Zeit zu Zeit wiederholt, stets ein sauberes und neues Ansehen.

3) *Die Schlösser, Garnitur etc.* Ueber die *Schlösser,* die bei den verschiedenen Gewehrsystemen sehr verschieden sind, lässt sich im Allgemeinen nicht viel sagen. Auch die *Garnitur* (der Beschlag) besteht bei den verschiedenen Gewehrsystemen aus anderen Stücken. Nur die *Kolbenkappe,* den *Abzugsbügel* und die *Riemenbügel* haben alle gemeinschaftlich. An letzteren wird

---

[1]) Einige behaupten, dass Gewehre mit deutschen Schaften in Folge des hervorstehenden Backens beim Schusse mehr stossen, als solche ohne Backen; diese Behauptung ist durchaus ungegründet.

der *Tragriemen* befestigt, welcher am besten von gutem braunem Leder ohne Verzierung und Stickerei geschnitten wird. Ueber die *Abzüge* und das *Stechschloss* sehe man das Nähere in §. 14 und 15.

§. 4.

Die Doppelbüchsen und Büchsflinten haben einen doppelten Visirpunkt, nämlich das vordere Absehen oder *Korn* und das hintere Absehen oder *Visir*. Das Korn, welches bei Jagdgewehren aus reinem Silber gearbeitet wird, steht etwa 1,5 Cm. von der Laufmündung entfernt auf der Mitte der Läufe. Es wird viereckig gefeilt (doch unten ein wenig breiter als oben) und seine Länge beträgt 1,5 Cm. Etwa 2,5 Ml. breit vom hinteren Ende hat das Korn die stärkste Breite und Höhe, nämlich 1,8 Ml. Breite und 2,5 Ml. Höhe. Von da nach der Spitze zu verlaufen die oberen etwas abgestumpften Kanten sanft, so dass am vorderen Ende die Höhe 1,2 Ml., die Breite 0,8 Ml. beträgt; ebenso verjüngt sich das Korn nach hinten ein wenig, so dass die hinterste Höhe 1,8 Ml., die Breite aber nur 1,2 Ml. ausmacht und es beim Zielen auf ein dunkles Object dem Auge wie mit einem weissen Rand umgeben erscheint. Dies ist nothwendig, um in der Morgen- und Abenddämmerung besser visiren zu können. Taf. I., Fig. 5 zeigt das Korn von oben, Fig. 6 ist die hintere Ansicht des Korns.

Ungefähr 1,8 Dm. vom hinteren Ende der Läufe entfernt ist das eiserne Visir (Taf. I., Fig. 7) angebracht, dessen Kimme (Ausschnitt) viereckig 0,8 Ml. hoch und 1 Ml. breit ausgeschnitten ist; ihre oberen und unteren Ecken werden stumpf gefeilt. Taf. I., Fig. 8 stellt die Kimme in vergrössertem Maassstabe vor. Mit einem solchen Visire hat man das beste Absehen; die Kimme soll nicht dreieckig ausgeschnitten sein und der obere Rand des Visirs muss eine horizontale Linie mit der Laufschiene bilden und darf nicht nach aussen oder innen gewölbt sein, wie man dies zuweilen sieht. Das Korn darf beim Anschlagen des Gewehres die Visirkimme nicht ganz ausfüllen, sondern muss etwas Spielraum in derselben haben. Diese hier beschriebene Visirung passt übrigens nur für gute und scharfe Augen. Leute mit schwachem Gesichte müssen eine weitere Visirkimme und auch ein gröberes Korn haben. Um recht reines Abkommen zu finden, wird das Visir geschwärzt und muss dies, da es sich bei häufigem Gebrauche des Gewehres wieder blank reibt, von Zeit zu Zeit wiederholt werden. Man legt zu diesem Zweck das Visir auf Steinkohlenfeuer, bis

es dunkelblau anläuft und wirft es dann in Oel; hierdurch bekommt es eine mattschwarze Farbe. Korn und Visir werden mit den Plättchen, auf welchen sie stehen, in Querschnitte, die in die Laufschiene eingefeilt sind, eingepasst, dürfen sich aber nicht zu leicht hin- und herschieben lassen.

Die Flinten haben nur das Korn, welches fest aufgelöthet, im Uebrigen aber gerade wie das Korn der Büchsen beschaffen ist. Häufig wird an seine Stelle ein rundes Knöpfchen gesetzt, welches auch dieselben Dienste thut; doch sehe ich das Korn lieber.

§. 5.

Ein Jagdgewehr darf nicht übermässig schwer sein, sein Gewicht soll durchschnittlich 6 – 7½ Pfd. betragen; die Büchsflinten und Doppelbüchsen sind, weil ihre Läufe immer stärker gearbeitet sein müssen, etwas schwerer, als die Doppelflinten. Namentlich zu vermeiden sind vorderwichtige Gewehre, d. h. solche, bei welchen das grössere Gewicht in den vorderen Theil der Läufe zu liegen kommt. Diese Gewehre ermüden den Jäger ausserordentlich und leicht schiesst man damit auf flüchtige Creaturen zu kurz. Das Hauptgewicht des Gewehres muss also in dem hinteren Theile der Läufe und in dem Schafte liegen.

II. Capitel.
Die beim Gebrauche der Jagdgewehre nöthigen Erfordernisse.

§. 6.

Das *Schiesspulver* ist von den beim Gebrauch der Feuerwaffen in Betracht kommenden Materialien unstreitig das wichtigste, es ist durch keine andere Substanz zu ersetzen. Es ist ein inniges Gemenge von Salpeter, Schwefel und Kohle in bestimmten Verhältnissen, welches eine sehr bedeutende, aber immer noch sehr langsame Kraft bietet. Seine Entzündungstemperatur ist hoch genug, dass es nicht oder kaum durch Reibung oder Stoss, sondern nur durch Feuer oder glühende Körper explodirt. Seine Wirkung beruht darauf, dass es bei der Entzündung ein sehr beträchtliches Volumen von erhitztem Gas entbindet; geschieht Dies in einem geschlossenen Raume, so äussern sich die Gase einen grossen Druck auf die Wände des Gefässes und können daher, wenn ein Theil beweglich ist, diesen mit Gewalt forttreiben. Auf diese Weise werden die Geschosse aus den Gewehren in einer Richtung hin fortgeschleudert. Dabei ist wohl zu beachten, dass nur derjenige Theil der entwickelten

Gase zur Wirkung kommt, welcher gebildet wird, so lange das Geschoss den Lauf noch nicht verlassen hat; je langsamer also ein Pulver abbrennt, je geringer ist seine Wirkung auf das Geschoss. Die gasförmigen Verbrennungsproducte, welche durch ihre Ausdehnung die bewegende (treibende) Kraft hervorbringen, sind hauptsächlich Stickstoff, Kohlensäure und Kohlenoxyd; die festen Verbrennungsproducte (Rückstand und Rauch) bestehen wesentlich aus schwefel- und kohlensaurem Kali. Der Pulverrauch besitzt also die Zusammensetzung des Pulverrückstandes. Letzterer verunreinigt zwar die Feuerwaffen und macht eine häufige Reinigung derselben nöthig, greift aber das Metall der Läufe nur unbedeutend an.

Die Form, in welcher das Schiesspulver ursprünglich zur Anwendung kam, war die des Staubes, die schlechteste von allen. In der Form von Staub pflanzt das Pulver die Verbrennung langsam fort, weil das Feuer in der zu dicht liegenden Masse sich nicht verbreiten kann, sondern nur von Theilchen zu Theilchen oder von Schicht zu Schicht vorwärts geht. Zudem schmutzt Staubpulver bedeutend, es zieht am leichtesten Feuchtigkeit an und ist ohne Entmischung gar nicht zu transportiren. Denn bei jedem Umfüllen, bei jeder Verstäubung wird immer der leichteste Bestandtheil, die Kohle, entführt; bei dem Transporte werden die schwersten zu unterst, die leichtesten Bestandtheile zu oberst sich absetzen. Staubpulver in ein Gewehr gebracht, wird beim Aufsetzen des Geschosses mittelst des Ladestockes zu einer dichten Masse zusammengedrückt, welche in dem Gewehr nicht anders abbrennen kann, als das zu einer festen Masse geschlagene Staubpulver in den Schwärmern und Raketen, nämlich langsam, von einer Stelle ab sprühend und zischend. Daher ist die *Körnung* der Pulvermasse jetzt allgemein eingeführt. Gekörntes Pulver behält beim Laden die Körnerform, die Ladung bleibt porös, der zündende Funke entzündet dieselbe durch die ganze Masse, alle Körner verbrennen fast gleichzeitig. Je rascher aber die Verbrennung der Ladung erfolgt, desto plötzlicher ist natürlich die Gasentwicklung, desto kräftiger ist das Pulver. Es leuchtet nun ein, welchen Einfluss die Grösse der Körner auf die Schnelligkeit der Verbrennung haben muss. Jedes Korn repräsentirt eine Masse festgestampften Staubpulvers, grobkörniges Pulver wird also langsamer abbrennen, als feinkörniges. Die Wirksamkeit der Körnung wird mit abnehmender Feinheit aber nur bis zu einem gewissen Punkte zu-

nehmen. Das feine Korn des Jagdpulvers gewährt eine viel raschere Entzündung, als das linsengrobe Kanonenpulver, aber die mit grosser Sorgfalt und gewöhnlich aus dem besten Materiale gearbeiteten Läufe der Jagdgewehre bieten auch einen grösseren Widerstand und ihre Geschosse ein leichter zu überwindendes Moment, als das bei Geschützen der Fall ist. Für die groben Geschütze aus Bronze war daher ein minder kräftiges, grobkörniges Pulver erforderlich, weil das Metall derselben nicht die Zähfestigkeit des Metalles der kleinen Feuerwaffen bot. Die Anwendung von Gussstahl zu Geschützen hat in dieser Hinsicht die Sachlage sehr geändert.

Die Grösse des Kornes ist also ein Mittel, die Wirkung des Pulvers der Feuerwaffe anzupassen. Nicht minder wichtig, wie die Grösse des Kornes ist seine Form. Unregelmässige eckige Körner werden leichter Feuer fangen und das Feuer leichter fortpflanzen als runde Körner. Man hat sich daher fast überall zu Gunsten der eckigen Form entschieden.

Die trockene Pulvermasse, mithin auch das daraus bereitete Pulverkorn färbt ab und schmutzt, beim Transport scheuern die Körner sich einander ab und geben Staub, was nie ohne Aenderung der Mischung vor sich geht. Aus diesem Grunde pflegt man wenigstens bei allen besseren Pulversorten, besonders bei dem Jagd- und Scheibenpulver, das gekörnte Pulver zu *poliren*. Hierdurch werden die Körner von Staub befreit, ihre Oberfläche verdichtet sich und nimmt einen ziemlich lebhaften Glanz an. Durch die vermehrte Dichte verliert das einzelne Korn etwas an Entzündlichkeit, folglich die Ladung auch an Kraft, aber die Vortheile der Reinlichkeit, des verminderten Anziehens von Feuchtigkeit, sowie die Sicherheit gegen Entmischung überwiegen weit. Zum Poliren genügt es, das Pulver so in Bewegung zu setzen, dass die einzelnen Körner in noch etwas feuchtem Zustande aneinander reiben. In Holland pflegte man Graphit zuzusetzen, der zwar den Glanz vermehrte, aber als dichte schwer verbrennliche Kohle auf Kosten der Entzündlichkeit. Dies muss also ganz und gar unterbleiben.

Ein gutes Jagdpulver muss folgende Eigenschaften haben, aus denen man einen Schluss auf seine Güte ziehen kann: 1) Es muss blaugrauschwarz sein; eine bloss bläulichschwarze Farbe deutet auf ein zu grosses Verhältniss von Kohle, eine zu schwarze Farbe auf vorhandene Feuchtigkeit; 2) es muss fein gekörnt und polirt sein und die Körner müssen nahezu gleiche Grösse haben; 3) die Körner müssen beim Drücken in der Hand gleichsam knirschen; sie müssen so fest sein, dass sie sich mit den Fingern in der flachen Hand nicht leicht zerreiben lassen; 4) die Körner müssen nach dem Zerdrücken einen unfühlbaren Staub bilden; scharfe Theile, die durch das Gefühl darin unterschieden werden, deuten auf nicht hinlänglich fein gepulverten Schwefel; 5) das Pulver darf nicht abfärben, wenn man es über den Handrücken, oder über Papier rollen lässt, sonst enthält es Staubpulver oder zu viel Feuchtigkeit; 6) ein kleines Häufchen Pulver auf weissem Papier entzündet, muss schnell verbrennen, ohne einen Rückstand zu hinterlassen und ohne das Papier zu entzünden; schwarze Flecken deuten auf zu viel oder schlecht gemengte Kohle; sieht man nach dem Abbrennen des Pulvers auf dem Papier gelbe Streifen, so ist dasselbe mit dem Schwefel der Fall; bleiben kleine Körner zurück, so ist das Pulver nicht gut gemengt; lassen sich diese Körner nicht weiter entzünden, so enthält es unreinen Salpeter, ein Fall, der gegenwärtig kaum noch vorkommt; brennt das Pulver endlich Löcher ins Papier, so ist es feucht oder von sehr untergeordneter Qualität.

Das Pulver kann über 14 Procent Feuchtigkeit aus der Luft absorbiren. Hat es nicht mehr als 5 Procent absorbirt, so erhält es durch das Trocknen seine frühere Wirksamkeit wieder; enthält es aber mehr Feuchtigkeit, so verliert es die Eigenschaft, rasch zu verbrennen und beim Trocknen überziehen sich die einzelnen Körner mit einer Salpeterkruste, wodurch die gleichförmige Mischung, folglich auch die Wirksamkeit des Pulvers leidet.[5] Das Pulver muss daher stets an einem trocknen, im Winter temperirt warmen Orte aufgehoben werden.

Um die geschosstreibende Kraft eines Pulvers zu prüfen, hat man besondere Maschinen, sog. *Pulverproben* construirt. Es gibt verschiedene Arten derselben, von denen für den Jäger die practischste die bekannte Pulverprobe mit Rad ist. Es ist dies eine

5) Eine vollständige Abhandlung über den Ursprung, die Geschichte und specielle Fabrikation des Schiesspulvers hier zu liefern, würde mich zu weit führen und dem Zweck dieses Buches nicht entsprechen. Wer sich dafür interessirt, den verweise ich auf „Wagners chemische Technologie", S. 117 ff., „Knapps Lehrbuch der chemischen Technologie" erster Band, zweite Abth., S. 192 ff. und „Graham-Otto, Chemie", zweiter Band, zweite Abth., S. 197 ff., wo diese Gegenstände sehr ausführlich behandelt sind. Diese Schriften habe ich auch bei vorstehenden Erörterungen benutzt.

kleine Pistole mit Percussionszündung, deren Mündung durch einen genau passenden Deckel verschlossen ist. In dem Maasse, wie letzterer beim Abfeuern der Pistole durch die Kraft des entzündeten Pulvers in die Höhe gestossen wird, dreht sich ein damit verbundenes gezahntes Rad, welches durch eine Feder zurückgehalten wird. Die Zahl der Zähne, um welche sich das Rad bewegt hat, bestimmt die Stärke des Pulvers. Da eine solche Pulverprobe nur die Anwendung einer sehr kleinen Ladung gestattet, so ist es am besten, letztere auf einer feinen Wage nach Gr. jedesmal abzuwiegen; auch muss man beim Probiren zweier Pulversorten gegeneinander mit jeder Sorte die Pistole wenigstens viermal laden und hieraus das Mittel ziehen. Verfährt man auf diese Weise, so lassen sich Vergleiche mit ziemlicher Gewissheit anstellen. Durch sehr starken Gebrauch der Pulverprobe kann die Feder nach und nach ihre Spannkraft verlieren und muss dann durch eine neue ersetzt werden. Uebrigens lässt sich auch am Scheibenstand, insbesondere bei Versuchen mit Schrotgewehren, die Güte einer Pulversorte annähernd beurtheilen. Vorzügliches Jagdpulver liefert die Fabrik von „*Cramer und Buchholz*" zu Rönsahl bei Elberfeld. Dasselbe ist ausserordentlich kräftig und schmutzt im Vergleich mit andern Pulversorten nur wenig. Das Pfund kostet 11½ Sgr.

§. 7.

Das *Blei*, welches man zu Geschossen für den Jagdbetrieb verwenden will, muss rein, weich und frei von Zinntheilen sein. Die Reinheit des Bleies gibt sich im Allgemeinen durch grosse Weichheit zu erkennen.

Zum Geschossgiessen hat man einen aus starkem Eisenblech verfertigten *Giesslöffel* nöthig, der an der linken Seite eine schmale Einbiegung und einen langen Stiel haben muss. Der Stiel ist am besten ganz von Eisen; sollte er sich während des Giessens zu sehr erhitzen, so umwickle man ihn am Ende mit einem von Zeit zu Zeit mit kaltem Wasser anzufeuchtenden Tuche; ein hölzerner Griff am Ende des Stieles wird bei öfterer Benutzung ankohlen und bald entzwei gehen. In diesen Giesslöffel, welcher 1 Dm. im Durchmesser halten kann, thut man das zuvor in Stücke gehackte Blei, ohne irgend welchen Zusatz und stellt denselben über Kohlenfeuer, bis das Blei flüssig wird und einen violetten Schimmer annimmt. Sobald man die Geschossform voll gegossen hat, klopfe man dieselbe einigemal auf den Tisch oder das Bret, auf welchem man die Arbeit vornimmt, leicht auf, damit sich das flüssige Metall recht innig an die Wände der Form anlege und das Geschoss die volle und richtige Gestalt erhalte. Unterlässt man das Aufklopfen, erhält man unvollkommene Geschosse, weil sich das Blei bei dem Erstarren zusammenzieht. Sobald sich das Blei zum Geschoss geformt hat, klopft[6]) man dasselbe aus und fährt dann mit dem Giessen weiter fort, bis man alles flüssige Blei verbraucht hat, oder dasselbe zu kalt geworden ist. Dies sieht man, wenn die ausgeklopften Geschosse auf ihrer Oberfläche nicht mehr glatt erscheinen, sondern Ringe bekommen; dann wird das Blei wieder von Neuem über das Feuer gestellt und erhitzt. Die Form muss während der Arbeit von Zeit zu Zeit mit Wasser verkühlt werden. Doch nehme man sich hierbei in Acht, dass kein Wasser in das Innere der Backentheile eindringe; es steht sonst zu befürchten, dass das Blei bei dem nächsten Gusse ausspritzen und dem Gesicht, besonders den Augen, des Giessenden gefährlich werden könnte.

Will man viele Geschosse auf einmal anfertigen, so ist es bequemer, wenn man in einem grossen eisernen Tiegel zugleich einige Pfund Blei über das Feuer setzt und hieraus mit einem kleinen etwa 6 Cm. im Durchmesser haltenden Giesslöffel schöpft. Der Tiegel bleibt dann beständig über dem Feuer stehen, das Blei somit immer flüssig und man kann das Geschäft des Giessens ununterbrochen fortsetzen.

Sind die gegossenen Geschosse[7]) kalt geworden, so werden mit einer scharfen Beisszange die durch die Ingussröhre entstandenen Hervorragungen (Schwänze) abgekneipt. Bei dieser Arbeit kann man erst sehen, welche Geschosse hohl ausgefallen sind; bei einem Spitzgeschoss wird ein kleines Loch nicht viel schaden; hohl ausgefallene Rundgeschosse aber müssen immer umgegossen werden. Hat man endlich Alles beendigt, so wird die Form, wenn sie ganz kalt geworden ist, trocken ausgeputzt und im Innern, wie von aussen, mit einem Oellappen eingerieben, damit sich nirgends Rostflecken bilden können.

Man kann sich auch Geschossformen anfertigen

lassen, an welchen ein *Abschneider* (Messer) für den Inguss angebracht ist. Taf. II, Fig. 1, zeigt eine solche Form. Nachdem man das Blei in die Ingussröhre a, die trichterförmig in dem Abschneider B ausgebohrt ist, eingegossen hat, wird letzterer bei c fest auf die Kante des Tisches aufgeschlagen, wodurch er nach der rechten Seite unter dem Balken D hinausführt und so den Inguss von dem Geschoss glatt wegnimmt. Letzteres wird dann, wie gewöhnlich, ausgeklopft, der Abschneider mit dem Zeigefinger der linken Hand leicht wieder an seinen Platz unter den Balken D gebracht und in dem Giessen weiter fortgefahren. Durch häufigen Gebrauch wird sich der Abschneider zuletzt zu leicht verschieben lassen, dann muss die Schraube C, die überhaupt sehr stark gearbeitet ist, wieder fest angezogen werden. Beim Gebrauche einer solchen Form wird die Arbeit sehr erleichtert, wenn man sich das Blei von einem Gehülfen eingiessen lässt. Man kann dann zur Bedienung der Form die beiden Hände verwenden und auf diese Weise in kurzer Zeit sehr viele Geschosse giessen.

§. 8.

Das *Schrot* wird in besonderen Fabriken (Schrotgiessereien) verfertigt.

„Zur Darstellung des Schrots wird Blei mit einem Zusatze von Arsen angewandt. Man nimmt 0.3 bis 0.8 Proc. Arsen. Die Fabrikation besteht im Wesentlichen darin, dass man geschmolzenes Blei in Tropfen eine bedeutende Höhe herunterfallen lässt; man hat dazu also Thürme oder Schachte nöthig. Der Zusatz der geringen Menge von Arsen macht, dass die Tropfen eine reine sphärische Gestalt annehmen. Man schmilzt das Blei unter Zusatz von Arsen und schöpft es mittelst Löffel in einen Durchschlag von Eisenblech, in welchen man vorher die Haut des schmelzenden Bleies gedrückt hat, um eine Art Filtrum zu bilden. Das geschmolzene Blei dringt aus den Oeffnungen des Durchschlags in Tropfen hervor und diese fallen die Höhe hinab in ein mit Wasser halb gefülltes Gefäss. Da grössere Tropfen langsamer erstarren, so muss grobes Schrot eine grössere Höhe durchfallen, als feines. Es versteht sich von selbst, dass man für die verschiedenen Nummern des Schrots Durchschläge mit entsprechend grossen Oeffnungen verwendet. Die Tropfen nehmen nicht alle gleiche Grösse an. Man findet deshalb in dem Wasserkasten Körner von verschiedener Grösse, welche durch Siebe

---

6) Die Backentheile jeder Geschossform müssen stark gearbeitet sein, sonst leiden sie zuletzt durch dieses Ausklopfen Noth, schliessen nicht mehr gehörig auf einander und es gibt hierdurch unegale und unbrauchbare Geschosse.

7) Man muss dieselben langsam erkalten lassen; das raschverkühlte Blei verhärtet sich.

sortirt werden. Um die nicht gehörig runden Körner zu sondern, bringt man das Schrot auf eine Tafel, welche ein wenig geneigt ist und welche in horizontaler Richtung hin und her bewegt wird; die völlig runden Körner laufen ab, die anderen nicht. Schliesslich werden die Körner geschliffen und geglättet, indem man sie mit Graphitpulver in eine Tonne bringt, die sich um ihre Achse dreht." [*]

Bei dem Ankaufe des Schrots sehe man auf schöne Abrundung und gleiche Grösse aller zu einer Nummer gehörigen Körner; ungleiche, eckige und hohle Körner taugen nichts. Sehr gutes Schrot in allen Nummern, (wovon ¼ Ctr. 2 Thlr. 11½ Sgr. kostet) liefert die Schrotgiesserei und Kugelfabrik von Händler und Nattermann in Münden.

Zu Hause hebt man das Schrot am besten in Blechbüchsen auf, auf deren Deckel die betreffende Nummer mit Oelfarbe geschrieben wird.

§. 9.

Die Geschosse, *Rund*geschosse (Kugeln) sowohl als *Spitz*geschosse werden vorzüglich zur Erlegung der stärkeren Thiere, die zur hohen Jagd gehören (Edelwild, Dammwild und Sauen) angewendet; auch bedient man sich derselben bei dem Birschgange bei Rehwild und endlich wird der Jäger, der gern die Büchse führt, auch manche Creaturen der niederen Jagd (Raubvögel etc.) damit erlegen.

Mit *Schrot* wird alles Haar- und Federwild der niederen Jagd erlegt. Das gröbste Schrot ist gewöhnlich Nr. 000 [2], weil aber alle Flinten diese Nummer zu sehr streuen, bleibt sie am besten ganz ausser Gebrauch. Nr. 00 wird mit dem besten Erfolge auf alles Haarwild der niederen Jagd angewendet, als Rehe, Füchse, Katzen, Dächse, Hasen, dann auf Auerhähne, Trappen, Kraniche, Reiher, Adler und Gänse. Weil diese Schrotsorte sehr scharf durchschlägt und weil alle Flinten, wenn sie richtig geladen werden, sie hinlänglich enge schiessen, ladet man sie am besten immer auf Füchse und Hasen. Auf Rehe darf überhaupt nie schwächeres Schrot geschossen werden und

[*] Graham-Otto, Lehrbuch der Chemie.

[2] Posten (Laufkugeln oder Rüller), von denen 5 bis 10 Stück auf einen Schuss gehen und die in den Fabriken gewöhnlich dutzendweise in Formen gegossen werden, soll der Jäger — gleichviel bei welcher Jagd — nie gebrauchen. Denn der Schuss damit ist sehr unsicher und wird namentlich auf grössere Schussweite viel Wild zu Schanden geschossen. Das Postenschiessen überlasse man den Aasjägern und Bauern.

sicher stirbt namentlich auf über vierzig Schritte hinaus der Fuchs und Hase besser, wenn er von 3 oder 4 Körnern Nr. 00, als von 8 oder 10 Körnern Nr. 2 oder 3 getroffen wird. Nr. 00 ist daher den ganzen Winter über die gangbarste Schrotnummer; Nr. 1, 2, 3 sollte man auf Rehe, Füchse und Hasen nie gebrauchen, es dürfte denn die Schussweite 30 Schritte nicht übersteigen. Nr. 0 und 1 kann auf starke Raubvögel, grössere Taucher etc. gebraucht werden. Nr. 2 auf stärkere Raubvögel (Milanen, Bussarde, Weihen, Habichte, Kolkraben) Säger, Taucher, Birkhühner und grössere Enten. Nr. 3 und 4 auf Marder, Kaninchen, Enten, Taucher, Raben, Krähen, Haselhühner, Ringeltauben. Nr. 5 auf Elstern, Dohlen, Hohltauben, Wasserhühner, Möven. Nr. 6 und 7 auf die kleineren Falkenarten (Sperber, Lerchen- und Thurmfalken), Nr. 7 ganz besonders auf Waldschnepfen, Rebhühner und Turteltauben. Nr. 8 auf Sumpfschnepfen, Wachteln, Regenpfeifer, kleine Wasservögel und endlich werden die noch schwächeren Schrotnummern zum Erlegen von kleinen Vögeln gebraucht.

Die Nummern des Schrots sind hier nach der in §. 8 namhaft gemachten Fabrik bezeichnet. Da nicht alle Fabriken gleiche Nummern haben, sondern Nr. 00 in der einen Nr. 0, in der andern Nr. 2 genannt wird, bemerke ich hier, dass 35 Körner von Nr. 00 etwa 21 Gr. = 1,26 Loth = 0,72 Unze = 12,6 Quentchen = 345 Gran wiegen. Hiernach kann man sich leicht die richtige Stärke der verschiedenen Schrotsorten ermitteln.

§. 10.

Jeder Jäger hat eine oder mehrere *Jagdtaschen* nöthig; diese werden am besten aus gutem braunem Kalbleder verfertigt. Ihre Grösse ist, je nach der Art der Jagd, die man ausüben will, verschieden. Im Sommer beim Birschgange wird ein kleines Ränzchen genügen; im Herbst und Winter wird ein grösserer nöthig werden, da zu dieser Zeit manchmal ein geschossener Hase transportirt werden muss. Ein aus Kordel gestricktes Netz an der Jagdtasche ist unpraktisch, weil man bei Regen- oder Schneewetter darin nichts trocken erhalten kann. Auf dem Deckleder einer Jagdtasche müssen Schlingen angebracht sein, um geschossene Vögel (Hühner, Schnepfen etc.) daran zu hängen; ebenso darf ein Futteral für den Genickfänger nie fehlen.

Auch *Patrontaschen* sind bei dem Jagdbetriebe erforderlich. Dieselben sind je nach der Form der

betreffenden Patronen eingerichtet, fassen 20 – 40
Patronen in doppelten Reihen und werden beim Gebrauche entweder wie die Jagdtasche über die Schulter
gehängt oder mit dem Riemen um den Leib geschnallt.
Eine Hauptsache ist es bei allen Patrontaschen, dass
sie aus gutem Leder gearbeitet sind und hierdurch die
Patronen gehörig vor Feuchtigkeit geschützt werden.

§. 11.

Die *Gewehrfutterale*, starke Ueberzüge von Leder,
dienen dazu, das Gewehr auf Reisen gegen Beschä-
digungen zu schützen. Sie müssen so gearbeitet sein,
dass sie das ganze Gewehr seiner Länge und Gestalt
nach in sich aufnehmen und verhüllen. Sie werden
zugeschnallt und an einem Tragriemen, wie das Gewehr
selbst, über die Schulter gehängt. Solche Futterale,
die so gross sind, dass sie nur über das Schloss des
Gewehres gezogen werden können und die in früherer
Zeit beim Gebrauche der Steinschlösser von den Jägern fast beständig in den Jagdtaschen nachgeführt
wurden, sind fast ganz ausser Gebrauch gekommen.
Dieselben dürften auch jetzt, namentlich bei Hinterladungsgewehren, als unnöthig und bei der Jagdausübung höchstens als hinderlich erscheinen. Hinterladungsgewehre können, wenn ihre Verschlussmechanik
und die Patronen gut gearbeitet sind, lange dem
Regenwetter ausgesetzt bleiben, ohne zu versagen.
Der Jäger aber, welcher das Percussionsgewehr führt,
nehme das Schloss bei einfallendem Regen unter seinen
Kittel oder Rock; so kann er dasselbe meistentheils
hinlänglich vor Feuchtigkeit schützen und dabei doch
immer schussfertig sein.

Um Gewehre zu verschicken, werden sie sorgfältig mit Papier umwickelt, in schmale hölzerne *Kasten*
mit Heu oder Seegras verpackt; die Kasten müssen
gut verschlossen werden, damit keine Nässe von Aussen
eindringen kann.

§. 12.

Von *Geräthschaften* zum Putzen und Reinhalten
der Gewehre sind erforderlich: 1) *Putz-* oder *Wisch-
stöcke*. Sie werden am besten aus dem zähen und
festen Holze der Heckenkirsche oder des Hartriegels
geschnitten und sind an dem Ende, wo sie mit Werg
umwickelt werden, mit Einkerbungen versehen; noch
besser ist es, wenn der eingekerbte Theil des Putzstockes von Eisen oder Messing so verfertigt ist, wie
ich es auf Taf. I., Fig. 3, dargestellt habe; ganz von
Eisen darf der Putzstock nicht sein. Dies würde den

Seelenwänden der Läufe nachtheilig werden. 2) Mehrere
Putzstöbchen von Holz und Horn; zu letzteren lassen
sich abgesägte Enden von Rehgehörnen sehr gut verwenden, wenn man die Spitzen derselben flach feilt.
3) Ein *Federhaken* oder *Federzieher*. 4) *Schraubenzieher*
von verschiedener Grösse. 5) Mehrere *Feilen*, *Drahtzange*, *Beisszange* und *Hammer*. 6) *Putzbürsten*. 7) Lei-
nene *Putzlappen*. 8) *Flügelfedern von Raben, Schnepfen* etc.

Von *Materialien* sind erforderlich: 1) *Provenceröl*
(Baum- oder Olivenöl), die feinste Sorte oder *Knochenöl*
(das aus dem unteren Fussknochen von Ochsen oder
Kühen ausgelassene und geläuterte Fett). Das Knochenöl ist dem Provenceröl eigentlich vorzuziehen, doch
thut letzteres, wenn es recht rein ist, fast dieselben
Dienste; man kann es in guter Qualität in jeder Apo-
theke kaufen. 2) *Rindertalg* und *Wachs*. 3) *Werg*, der
Abgang, welcher sich beim Hecheln des Flachses
bildet und aus den gröberen Fasern besteht. 4) Feiner
Schmirgel.

II. Besonderer Theil.

A. Vorderladungs-Gewehre.

I. Capitel.

Das Percussions-Gewehr.

§. 13.

Vorderladungs-Gewehre sind solche, bei denen die
Ladung in die Mündung des Laufes gebracht und mit
dem *Ladestock* in die Kammer hinuntergestossen wird.

Das einzige Vorderladungssystem, welches als
Jagdgewehr in Anwendung kommt, ist das mit Percussionszündung.

§. 14.

Der Schaft des *Percussions*-Gewehres, Taf. I., Fig. 1.
ist aus einem Stück gearbeitet. Der vordere Theil B
des Schaftes heisst der Vorderschaft, der hintere
Theil A der Hinterschaft. Letzterer besteht aus dem
Schaftkolben a und dem Kolbenhals b. Die Läufe
sind am hinteren Ende mit den *Schwanzschrauben* c
verschlossen. Diese müssen sehr solid und genau gearbeitet sein, weil sie, den Boden der Kammern der
Läufe bildend, den Hauptrückstoss des explodirenden
Pulvers auszuhalten haben. Jede Schwanzschraube

endet in einen Haken, welcher in die von oben in den
Schaft eingelassene und festgeschraubte *Scheibe* d eingreift; hierdurch, sowie durch den *Schieber* (Heftel) e
werden die Läufe mit dem Schafte unbeweglich fest
verbunden. Die Haken der Schwanzschrauben müssen
sauber gearbeitet sein, so dass sie, genau passend, in
die Hakenlöcher der Scheibe eingreifen und der Schieber darf nicht zu leicht gehen und wackeln, sonst
liegen die Läufe nicht fest, sondern rasseln, was eine
unleidliche Sache ist. Der Schieber darf aber auch
nicht zu fest sitzen, er muss sich ohne grosse Gewalt
mit einem Schraubenzieher zurückdrücken lassen, ohne
dabei ganz herauszufallen. Durch einen kleinen am
Schafte angebrachten Stift wird er zurückgehalten.
In die Schwanzschrauben sind die beiden *Zündstifte*
(Pistons) eingeschraubt. Ihr Schraubengewinde darf
nicht zu leicht gehen, weil sie sonst durch die Pulver-
explosion herausfliegen könnten, doch dürfen sie auch
nicht zu fest sitzen, damit sie das Ausdrehen mit dem
Pistonzieher nicht allzusehr erschweren.

In der Mitte des Vorderschaftes ist die Ladestock-
rinne vertieft, welche den *Ladestock*, nachdem er durch
die *Ladestockhülsen* und das *Spitzröhrchen* eingeschoben
ist, aufnimmt. Am vorderen Ende des Ladestocks,
der, so dick wie möglich, aus zähem festem Holze
(am besten ist Heckenkirschenholz, Lonicera Hylosteum)
gearbeitet wird, ist der Knopf angebracht, welcher
von Horn oder Metall (Messing oder Neusilber) gemacht wird. Durch den Metallladestockknopf, welcher
dauerhafter ist als der hörnerne, bekommt der Ladestock mehr Gewicht, die Ladung lässt sich leichter
hinunterstossen. Auch Palisanderholz ist viel zu Lade-
stöcken verarbeitet worden; es ist allerdings schwerer
wie das Heckenkirschenholz, aber mehr porös, nicht
so fest und zäh und die meisten Büchsenmacher sind
wieder auf letzteres zurückgekommen. Am unteren
Ende des Ladestocks ist bei Doppelflinten der eiserne
Krätzer (einfacher oder doppelschenkliger ist gleich
gut) befestigt, welcher zuweilen nöthig wird, um die
Ladung auszuziehen. Der Büchsflintenladestock hat
ebenfalls den Flintenkrätzer, der aber so eingerichtet
sein muss, dass man ihn ab- und an seine Stelle einen
Geschosszieher (Kugelkrätzer) anschrauben kann. Am
Ladestock der Doppelbüchse befindet sich stets der
Geschosszieher.

Die *Garnitur* besteht aus der *Kolbenkappe*, dem
Abzugsbügel C, der *Scheibe* oder dem Schilde d, dem
Spitzröhrchen g, den *Ladestockhülsen*, den *Schieber-*

plättchen und den *Riemenbügeln* und kann aus verschiedenen Stoffen gemacht werden. Man verwendet dazu
Holz, Horn, Eisen, Stahl, Messing und Neusilber; ja
man macht massive silberne Garnituren mit Goldver-
zierungen, gestochenen oder erhaben stehenden Jagd-
stücken. Für den Jäger ist es am besten, wenn die
gesammte Garnitur aus grau gebeiztem Stahl oder
Eisen gearbeitet ist. Diese ist sehr dauerhaft und
gewährt den Vortheil, dass sie in der Sonne nicht
blitzt und schimmert. Die Kappe, welche das Ende
des Schaftkolbens umschliesst, hat nach innen eine
sanfte Wölbung, damit sich beim Anschlagen das
Gewehr besser an die Schulter anlegt.[10] Die Form
des Bügels ist verschieden, entweder ist der Bügel
rund oder nach dem Lauf zu abgeplattet. Gewehre
mit abgeplatteten Bügeln tragen sich leichter und bequemer im Arme, wie solche mit runden. Nach dem
Schafte zu verläuft entweder dicht hinter den Abzügen
der Bügel ganz in den Kolbenhals, oder er hat einen
Schweif, welcher zum festeren Schlusse der Hand
gerade nicht nöthig ist, dem Gewehrschafte aber ein
nettes Ansehen gibt. Der Bügelschweif, den man
vorzugsweise an deutschen Gewehren findet, muss von
Holz oder Horn gemacht werden, damit er im Winter
nicht kältet.

Die *Abzüge* dürfen nicht zu nahe beisammen stehen
und müssen ausgeschweift und rückwärts gebogen sein,
damit sich der Zeigefinger beim Abdrücken besser
anlegen kann. Die *Abzugsplatte* mit den Abzügen kann
für sich allein oder auch mit dem Bügel verbunden
in den Schaft eingelassen werden; das letztere ist das
zweckmässigste. Die Ladestockhülsen und das Spitzröhrchen müssen eine hinlängliche Weite haben, damit
sie einen dicken Ladestock aufnehmen können. Der
Ladestock muss fest in denselben schliessen, sich aber
doch leicht herausziehen lassen. Die platten Riemenbügel haben das gefälligste Aussehen und sind den
runden vorzuziehen.

Alle *Schrauben* des Gewehres müssen gut gehen
und sich leicht ausdrehen lassen. Ihre Köpfe sollen
nicht zu schmale Einschnitte haben, sonst werden sie
beim Ausdrehen mit dem Schraubenzieher zu leicht
verkratzt und beschädigt. Die Eisentheile, die Läufe
natürlich ausgenommen, werden grau oder schwarz

---

[10] An dem Schaftkolben von Büchsflinten und Doppelbüchsen
sieht man häufig ein Schiebkästchen angebracht, welches den Zweck
hat, Geschosse, Pflaster u. dergl. aufzunehmen, während es doch weit
bequemer ist, derartige Dinge in der Jagdtasche nachzuführen.

gehärtet; die grau gehärteten sieht man am gewöhn-
lichsten. Auf den Läufen wird in der Regel der Name
des Damastes oder des Fabrikanten eingravirt oder
mit Silber eingelegt; auch ist ein neusilbernes oder
silbernes Schildchen mit dem Namen des Besitzers auf
der oberen Seite des Kolbenhalses nicht unpassend.
Die Schlossplatten und Hahnen, der Abzugbügel und
die Scheibe können gravirt sein; nicht gravirte Eisentheile sind aber vorzuziehen, weil sie leichter sauber
zu halten sind. In die Vertiefungen, die durch das
Graviren entstehen, setzt sich der Schmutz zu leicht
fest, weshalb gravirte Eisentheile eine umständlichere
und häufigere Reinigung erfordern. Alle weiteren
Verzierungen der Eisentheile (Ciselirungen und In-
krustationen) sowie die Ausschmückungen des Schaftes
(was schon früher erwähnt worden) sind unnütz und
haben für den Jäger keinen Werth.

Die Hauptsache ist solide Arbeit des ganzen Gewehres, alle Eisentheile müssen genau und fest in
einander passen und ebenso genau schliessend in das
Holz des Schaftes eingelegt sein. Das ganze Gewehr soll eine schöne und gefällige Form haben, die
durch solide Bauart und durch richtige Verhältnisse
aller Theile untereinander mehr, als durch Verzierungen,
erreicht wird.

§. 15.

Die *Schlösser* des Percussions-Gewehres sind entweder *unterliegende* (englische) oder *rückliegende* (deutsche).
Betrachten wir zuerst das unterliegende Schloss
(Taf. I., Fig. 9). Von besonderer Wichtigkeit ist die
Schlagfeder a. Der kürzere Schenkel derselben ist an
der Schlossplatte durch einen Zapfen (zuweilen auch
noch durch eine Schraube) befestigt, der längere bewegliche Schenkel steht mit der Nuss und dadurch
mit dem Hahnen in Verbindung. Die Schlagfeder,
welche stets vom besten Stahle geschmiedet wird, darf
nicht zu sehr gehärtet sein; sie muss sich leicht spannen
lassen, beim Losschnellen aber mit Kraft aufschlagen;
zu harte Schlagfedern spannen sich schwer und brechen
leicht. Man probirt die Güte einer Schlagfeder am
sichersten, indem man den Abzug gegen die Stange
drückt, damit derselbe nicht in die Nuss eingreifen
kann und den Hahnen auf und nieder gehen lässt.
Viele Jäger halten die Schlagfeder für gut, wenn das
Schloss beim Spannen hell und stark knackt (klingt).
Dies ist aber nicht der Fall, denn das Klingen rührt
lediglich von dem Eingreifen der Stange in die Nuss
her. Es können Schlösser mit sehr guten Schlagfedern

wenig klingen und ebenso solche mit schlechten einen
hellen und guten Klang haben, doch klingen sauber
gearbeitete Schlösser in der Regel gut.

Die *Kette* d stellt die Verbindung zwischen Schlagfeder und Nuss her. Bei den alten Schlössern erfolgte
die Bewegung der Nuss unmittelbar durch das abge-
rundete Ende der Schlagfeder; jetzt sind aber die
besseren Kettenschlösser allgemein eingeführt und nur
für ganz ordinäre Gewehre werden noch Schlösser
ohne Ketten gemacht. In die *Nuss* b sind die beiden
Rasten oder Ruhen, in welche die Stange einfällt, eingeschnitten. Aus der ersten Rast, welche tiefer eingefeilt ist, als die zweite oder Hinterrast, lässt sich
die Stange durch Druck auf den Abzug nicht heraus-
heben und man ist mithin, wenn das Schloss in der
ersten Rast steht, vor dem Losgehen des Gewehres
gesichert. In neuerer Zeit wird diese erste Rast, die
man auch Sicherheitsrast nennt, gewöhnlich so in die
Nuss eingeschnitten, dass, wenn die Stange in dieselbe
eingreift, der Hahn nur 0,5 Cm. höher als der Piston
steht, während die frühere Sicherheitsrast den Hahnen
circa 2 Cm. über den Piston brachte. Dies soll den
Vortheil haben, dass, wenn die Stange durch irgend
einen Zufall dennoch aus der Rast gehoben werden
sollte, der Hahn durch die geringe Spannung der
Schlagfeder keine Kraft mehr haben würde, das Zündhütchen loszuschlagen. Aber es steht diesem schein-
baren Vortheil ein grösserer Nachtheil entgegen, inso-
fern, als ein Schloss mit zu weit vorn eingeschnittener
Rast nicht leicht genug gestellt werden kann. Ich
möchte deshalb die alte Vorderrast vorziehen.

Wenn man nun auch bei „Hahn in Ruh" vor dem
zufälligen Losgehen des Gewehres fast vollständig gesichert ist, so soll doch an dem Schlosse eines Percussions-Gewehres eine besondere Sicherheitsvorrich-
tung nie fehlen. Die *Sicherheiten* sind an der äusseren
Seite der Schlossplatte vor dem Hahnen angebrachte
bewegliche, je nach der Form des Hahnen verschieden gestaltete Zapfen. Drückt man den Zapfen rückwärts, so schlägt der Hahn beim Niederfallen auf denselben und kann den Piston nicht erreichen, vorwärts
gedrückt, lässt die Sicherheit dem Hahnen seinen vollen
Spielraum. Die Sicherheitszapfen müssen von Eisen
sein und müssen sich nur durch Druck mit dem Daumen
oder Zeigefinger vor- oder rückwärts schieben lassen.
Gehen die Sicherheiten zu leicht, so werden sie sich
dem Jäger, der mit seinem gespannten Gewehr im
Arm durch Hecken oder junge Hölzer geht, zuweilen

2*

durch leichte Berührung mit einem Zweig oder Aest-
chen von selbst vorschieben und so natürlich das Gewehr versagen machen. Die Feder der Sicherheit liegt,
wie Dies an Fig. 9 f ersichtlich, gewöhnlich an der
inneren Seite der Schlossplatte. Zu vermeiden sind
die ganz unpractischen Sicherheiten von Leder.

Die Nuss hat ferner auf beiden Seiten einen Zapfen;
auf den stärkeren, der durch die Schlossplatte durchgeht, wird der Hahn aufgepasst und festgeschraubt,
auf den schwächeren gegenüberstehenden wird die
Studel oder Nussdecke c aufgesetzt, die durch zwei
Schrauben an der Schlossplatte befestigt ist. Eine
dritte Schraube (oder Zapfen) verbindet die Studel mit
der *Stange* e, deren an der Nuss auslaufender Schnabel
genau in die Nuss-Rasten eingreifen muss. Ueber der
Stange ist die *Stangenfeder* g festgeschraubt, deren
unterer beweglicher Schenkel die Stange dirigirt.

Wenn das Schloss vollständig gespannt ist (d. h.
wenn der Stangenschnabel in der Hinterrast steht),
muss es sich durch einen leichten Druck auf den Abzug losschnellen lassen. Mit Flinten, deren Schlösser
zu schwer gestellt sind, schiesst man leicht hinter dem
laufenden Wilde weg.

Bei Büchsenschlössern, bei welchen sich durch
Vermittlung des Stechschlosses die Stange durch eine
sehr leichte Berührung des Abzugs aus der Rast heben
lässt, wird in die Nuss zwischen den Rasten der *Kegel*,
ein kleiner beweglicher Zapfen, eingelegt, welcher die
Stange verhindert, in die Sicherheitsrast einzufallen;
ohne Kegel würde Dies sonst jedesmal der Fall sein
und würde dadurch natürlich das Versagen der Büchse
herbeigeführt. Auch in dem gewöhnlichen Flinten-
schlosse kann der Kegel angebracht werden, ist aber
hier überflüssig.

Die Schlossschrauben müssen gute Gewinde haben
und fest angezogen sein. Alle einzelnen Schlosstheile
müssen sehr genau und fleissig gearbeitet werd*n*,
weil durch das Zerbrechen *eines* Theilchens das ganze
Schloss in seiner Funktion gehemmt wird. Je reiner
das zum Schlosse verwendete Material (Stahl und
Eisen) ist und je sauberer und fleissiger die einzelnen
Theile gearbeitet sind, um so dauerhafter ist das ganze
Schloss. Es ist übrigens schwierig, die Güte eines
Schlosses zu beurtheilen und es kann Dies nur von
einem erfahrenen Fabrikanten oder Büchsenmacher
geschehen.

Das *rückliegende* Schloss (Taf. I., Fig. 10) unterscheidet sich von dem unterliegenden dadurch, dass
die Schlagfeder statt nach vorn rückwärts liegt. Ihr
längerer Schenkel a bewegt, wie gewöhnlich, die Nuss,
der untere g versieht die Funktion der Stangenfeder
des unterliegenden Schlosses. Die übrigen Schlosstheile sind dieselben.

Durch das Einlegen von rückliegenden Schlössern
wird der Kolbenhals des Schaftes stärker angegriffen,
wie durch unterliegende. Desswegen macht man bei
rückliegenden Schlössern (wie es an Fig. 1 auf Taf. I
ersichtlich) die Scheibe lang, um dem Kolbenhals mehr
Stärke zu geben, während bei unterliegenden Schlössern
die Scheibe kurz sein kann. Durch rückliegende
Schlösser erhält der Schaft ein netteres und schlan-
keres Ansehen und es sind daher dieselben in neuerer
Zeit die verbreitetsten.

Das *Stechschloss* kann bei Doppelgewehren nur ein
französisches sein, welches man durch Druck nach
vorn sticht, bei welchem also Abzug und Stecher vereinigt sind, und welches sich auch ungestochen, wie
ein einfaches Flintenschloss, abziehen lässt. Die einzelnen Theile des Stechschlosses, das bei Büchsflinten
und Doppelbüchsen anstatt der einfachen Abzüge in
den Schaft eingelassen ist, sind die *Stechschlossplatte*,
der *Stecherabzug*, die beiden *Stechschlossfedern* und die
Stellschraube. Durch Anziehen der letzteren wird das
Stechschloss leichter, durch Herauslassen derselben
schwerer gestellt. Das Stechschloss bei Jagdgewehren,
dessen Beurtheilung mehr noch wie die eines gewöhnlichen Schlosses Sache des Büchsenmachers ist, darf
niemals so leicht gestellt werden, wie dasjenige einer
Scheibenbüchse, da Dies beim Jagdbetriebe (namentlich
bei kalten und steifen Fingern) sonst öfter ein zu
frühes und unzeitiges Losgehen des Gewehres zur
Folge haben würde.

§. 16.

Bei allen Jagdgewehren, wenn sie auch schon
äusserlich als solid und tüchtig gebaut erscheinen, ist
die *Probe* durch den Anschuss und das Ausfindig-
machen der Ladung nöthig. Trotz der grossen Menge
von Jägern und Jagdliebhabern giebt es viele, die es
nicht verstehen, ein Gewehr richtig zu laden und so
kommt es, dass oft mit guten Gewehren schlechte
Resultate erzielt werden.

Beim *Anschiessen* der Flinten verfahre ich folgendermassen: Ich bediene mich dazu eines messingenen
Lademaasses, welches gradweise eingetheilt ist und
verstellt werden kann (Taf. I., Fig. 11). Es ist in

acht Grade eingetheilt und seine Tiefe beträgt 3 Cm., der Durchmesser 1,44 Cm. Die Schraube a dient dazu, den Schieber b festzustellen. Die Flinte wird rücksichtlich ihres Kalibers mit 4, 5, 6, oder 7 Grad Pulver geladen, ebenso in demselben Verhältniss mit Schrot Nr. 00; zu Pfropfen wird Filz genommen. Mit der auf diese Weise geladenen Flinte schiesse ich aufgelegt [11]) auf 27,5 M. = 40 gewöhnliche Schritte Entfernung auf ein 2—2,5 Cm. dickes, 5 Dm. breit und ebenso langes, aus trockenem Kiefernholze verfertigtes Scheibenbret, auf welchem ein 4.5 Dm. breiter und 3,5 Dm. langer Bogen Papier, auf dessen Mitte mit Kohle ein schwarzer runder Fleck angebracht ist, angenagelt oder angeklebt wird. Das Bret muss, ich wiederhole Dies, aus trockenem Kiefernholze gemacht werden und es dürfen sich nicht zu viele und zu grosse Aststellen in der Oberfläche desselben zeigen, weil diese niemals, auch von dem gröbsten Schrote, durchdrungen werden. Grünes oder nasses Holz darf ebensowenig werden, wie Buchen- oder Eichenholz, welches für Schrotschüsse viel zu fest ist. Des Schrots von Nr. 00 bediene ich mich desshalb, weil man nach dieser Sorte den Durchschlag einer Flinte am besten beurtheilen kann, da schwächeres Schrot das Bret weniger, resp. nicht durchschlägt. Gezielt wird mit der Flinte, indem man das Korn auf der Schwanzschraube aufsitzen lässt und mitten in (nicht unter) das Schwarze hält.

Findet man nach mehreren Schüssen jedesmal nur wenig Schrot auf dem Bogen, die wohl noch hohl sitzen, so war die Pulverladung zu stark. Gleichzeitig wird man bemerken, dass die Schrotkörner bei zu starker Pulverladung das Bret nicht durchschlagen, weil durch die zu grosse Gasentwicklung die Richtung der Bewegung der einzelnen Schrotkörner und dadurch ihre Kraft wesentlich beeinträchtigt wird. Hat man zu wenig Pulver genommen, so erkennt man Dies daran, dass sich vor dem Ziele schon ein Theil des Schrots senkt und der Schuss matt ausfällt. Auch an dem mehr oder minder starken Rückstoss der Flinte ersieht man, ob zu wenig oder zu viel Pulver geladen wurde. Jede Flinte muss beim aufgelegten Schiessen

an der Schulter des Schützen etwas rücken, ohne heftig zu stossen, der Schuss darf nicht zu leicht und ohne dass das Gewehr sich rührt, hinausfahren.

Man muss nun solange gradweise Pulver abbrechen oder zusetzen, bis man das richtige Mittel findet. Das ist die rechte Pulverladung, wenn die Schrotkörner enge vertheilt und je zwei oder drei nahe beisammen in dem Bogen sitzen und wenigstens drei Viertheile davon das Bret durchschlagen haben, der engste Schuss hat auch die meiste Kraft. Nach 4, höchstens 6 Schüssen kann man die Ladung einer Flinte erkennen, bei einiger Uebung aber zuletzt schon nach dem Caliber beurtheilen. Hat man die richtige Pulverladung gefunden, so lässt man sich zu der betreff. Flinte ein Lademaass machen, welches die Weite [12]) des oben beschriebenen Grademaasses hat, dessen Tiefe sich aber aus der mehr oder weniger grossen Menge des Pulvers ergibt. Auf die Aussenseite dieses Maasses wird sein Inhalt entweder in Graden oder Gr. aufgravirt und wird dasselbe, wenn es zum Füllen von Patronen gebraucht werden soll, noch mit einer Handhabe (Stiel) versehen (Taf. I., Fig. 2). Aus diesem Maasse wird die Flinte nachher immer geladen, auch mit jeder Schrotsorte. Wiegt man das in dem Lademaas abgemessene Pulver und Schrot, so wird man finden, dass das Schrot 6mal schwerer wiegt, wie das Pulver und ist die Ladung der Flinte also wie 1:6. Einige geben das Verhältniss des Pulvers zum Schrot, wie 1:8 an; Dies ist ebenso unrichtig, wie das Verhältniss 1:5. Im ersten Falle, da die Masse des Schrots im Verhältniss zum Pulver zu gross ist, ein matter Schrotwurf; im zweiten Falle, welcher von Vielen vertheidigt wird, weil sie glauben, dass durch etwas weniger Schrot der Durchschlag vermehrt werde, weiter nichts, als ein weniger deckender Schuss.

Zuweilen hört man auch die Behauptung, dass bei feuchter Witterung die Pulverladung verstärkt werden

---

[11]) Beim Anschiessen der Flinten auf das Ziel muss aufgelegt geschossen werden, weil hier auch von dem besten Schützen ein freihändiges Schiessen nicht als maassgebend gelten kann; auch müssen alle Flinten, welche zur Probe kommen sollen, sauber ausgeputzt sein; nur die ersten 12—18 Schüsse aus einem Lauf können als bestimmend gelten.

[12]) Ein Lademaass von dieser Weite gibt die Schrotladung am genauesten an; in engeren klemmt sich das grobe Schrot zu leicht und weitere sind ungenau. Um ein Lademaass mit Pulver zu füllen, schüttelt man dasselbe langsam ein und klopft dann mit dem Finger ein wenig an die Wände des Maasses, damit sich das Pulver setzt; erst dann ist das Maass gehörig voll. Bei den Lademaassen mit Handhabe wird das Pulver aus Gefässen geschöpft und dann die Handhabe auf den Rand des Gefässes aufgeklopft. Beim Abmessen des Schrots muss ebenfalls das Maass immer gerüttelt werden, damit sich die Schrotkörner gehörig in demselben zusammenlagern und nicht klemmen. Das Pulver wird über das Maass gestrichen gemessen; das Schrot wegen der sich bildenden Zwischenräume ein wenig gehäuft.

müsse, weil das Pulver alsdann seine gewöhnliche Triebkraft nicht äussere. Doch ist der Grund hiervon nicht in der Beschaffenheit des Pulvers, sondern vielmehr in dem Umstand zu suchen, dass der Schuss das durchnässte Fell des Wildes weniger leicht durchdringt. Uebrigens ist die ganze Sache von zu geringer Wichtigkeit, als dass in dem angenommenen Falle eine Verstärkung der Pulverladung nöthig erschiene.

Bei dem Probiren einer Doppelflinte beachte man aber auch ausser dem Decken und Durchschlag, ob sie gehörig gerichtet ist, d. h. ob sie den bezielten Fleck richtig trifft, ob sie nicht zu hoch oder zu tief, oder ob das eine Rohr richtig, das andere aber zu kurz oder zu hoch schiesst, oder ob das eine Rohr den Schuss links, das andere rechts weist. In solchen Fällen sind die Läufe entweder nicht richtig in den Schaft eingelegt oder sie sind in der Fabrik ungehörig zusammengelöthet worden. Wenn beide Läufe zu hoch oder zu tief schiessen, kann der Büchsenmacher durch Veränderungen an dem Schafte[13]) den Fehler verbessern. Ist es aber nur mit einem Rohre der Fall, ist der Fehler, wenigstens meistentheils, unverbesserlich, weil die ganz fertig und dünn gearbeiteten Doppelflintenläufe durch Trennen und nochmaliges Zusammenlöthen Noth leiden. Ein solches Gewehr lässt man, wenn der Fehler bedeutend ist, am besten ausser Gebrauch.

Ist eine Flinte auf die vorgeschriebene Art probirt und ist mit verschiedenen Ladungen ein gutes Resultat nicht erzielt worden, so sind entweder, wenn das Gewehr ein neues ist, die Rohre nicht richtig bearbeitet, oder es hat sich, wenn es ein schon geführtes ist, durch zu langen und häufigen Gebrauch in der Seele der Läufe zu viel Blei[14]) angesetzt. In beiden Fällen muss der Büchsenmacher durch Kolben das Gewehr zum guten Schuss bringen; dagegen lasse man alle sogenannten Hausmittel (das Eingiessen von Essig und Urin, oder das Ausreiben mit Sand oder feingestossenem Glas), welche die Laufseele ungleich machen und verderben.

Wenn ein Flintenlauf gut schiessen soll, muss er von der Mündung an bis auf drei Viertel seiner Länge

kugelgleich sein, von da an aber bis an die Kammer einen schwachen Fall haben (d. h. er muss sich etwas erweitern).

In vielen Fabriken werden die Läufe kugelgleich gebohrt und gar nicht gekolbt. Man findet unter diesen zwar solche, die gut schiessen, aber fortgesetzte Versuche mit Flinten von allen Calibern haben erwiesen, dass die ausgekolbten Flintenrohre den engsten und schärfsten Schrotwurf geben. Man hat es auch versucht, den Flintenläufen gerade, mit der Seelenachse parallel laufende Züge zu geben und dachte dadurch den Schuss zu verbessern; aber alle auf diese Art gearbeiteten Rohre streuten das Schrot und man ist daher bald wieder davon abgekommen.

Je nach dem Caliber bedarf eine Flinte zur Ladung mehr oder weniger Pulver. Für Flinten engen Calibers[15]) (14 Ml.) genügen 2,72 Gr. Pulver und sechsmal so viel Schrot = 16,70 Gr.; für mittelweite (15 Ml.) 3,40 Gr. Pulver und 20 Gr. Schrot; für weitere (16 Ml.) 4,08 Gr. Pulver und 25,50 Gr. Schrot; für weite (17 Ml.) 4,76 Gr. Pulver und 29,96 Gr. Schrot. Diese Regeln gelten für alle Schrotflinten. Doch kann es vorkommen, dass Läufe von gleichem Caliber doch ungleiche Pulverladung vertragen. Flinten, die an der Kammer zu schwach im Eisen sind, können nicht so stark geladen werden, wie solche, deren Kammern die gehörige Eisenstärke besitzen.

Bei der im Vorhergehenden vorgeschriebenen Probe kann man verlangen, dass eine Flinte und zwar eine von engem und mittlerem Caliber von Nr. 00 auf jeden Schuss 9, 10, 12 Körner, eine von weitem Kaliber 14, 16, 18 Körner in den Bogen werfe und dass hiervon drei Viertheile das Scheibenbret durchschlagen. Von Nr. 0 sollen jedesmal 12, 14, 16, resp. 16, 18, 22 Körner den Bogen treffen, die Hälfte aber durch das Bret fahren. Von Nr. 1 müssen 14, 15, 18 resp. 17, 20, 25 Körner in dem Bogen zu finden sein; etwa ein Fünftel soll das Bret durchschlagen haben, die übrigen aber müssen bis zum hintersten Dritthel desselben eingedrungen sein. Von Nr. 2 müssen 15, 16, 20 resp. 20, 24, 26 Körner sich in dem Bogen zeigen und hier und da muss ein einzelnes durch das Bret gefahren

---

[13]) Niemals darf dies durch Auf- oder Abwärtsbiegen der Läufe geschehen.

[14]) Jede Flinte, aus der viel geschossen wird, setzt an den Seelenwänden Blei an; hierdurch verliert der Lauf, indem er ungleich weit wird, den engen und scharfen Schuss. Das angesetzte Blei kolbt der Büchsenmacher wieder aus; eine häufig geführte Flinte muss alle 8 bis 10 Jahre vom Bleiansatz gereinigt werden.

[15]) Das Caliber, der Durchmesser der vorderen Laufmündung, wird am besten nach Ml. gemessen; einige Fabrikanten drücken das Caliber in Zollen aus, indem sie die Bruchtheile in Decimalstellen verwandeln, z. B. 0,59", 0,62" u. s. f.; andrere sagen wieder Caliber Nr. 18, 16, 20 u. s. w.

sein. Die nun folgenden Schrotnummern sind zu schwach, um das Scheibenbret zu durchschlagen; es müssen aber bei engen und mittelweiten Flinten von Nr. 3 durchschnittlich 19, bei weiten Flinten 26, von Nr. 4 24, resp. 30, von Nr. 5 30, resp. 38, von Nr. 6 36, resp. 50, von Nr. 7 45, resp. 65, von Nr. 8 60, resp. 75 Körner jedesmal den Bogen treffen. Die weiten Flinten haben vor den engeren den Vortheil, dass in Folge der stärkeren Ladung der Durchmesser ihres Schrotkreises ein grösserer ist; auch wird das Zielobject von mehr Schroten getroffen. Ein engeres Caliber als 15,5 Ml. soll man nicht wählen; Caliber 15,5 — 17 Ml. sind die vortheilhaftesten Caliber für Schrotflinten. Ein weiteres Caliber ist nicht von besonderem Vortheil. Ein Jäger, der eine Flinte von Caliber 18 oder 19 Ml. führt, verschwendet unnützer Weise Pulver und Blei, (worauf doch auch Rücksicht zu nehmen ist) ohne dass er dadurch mehr ausrichtet, wie mit einer Flinte von Caliber 16 Ml. Auch lässt sich eine im Caliber so starke Flinte nicht leicht unter einem Gewicht von 8 Pfund herstellen.

Es ist ein merkwürdiger Umstand, dass es Flintenläufe giebt, die nicht scharf schiessen wollen. In den meisten Fällen sind die Jäger, welche klagen, dass ihre Gewehre nicht tödteten, selbst Schuld, weil sie dieselben entweder mit Pulver überladen oder zu Pfropfen weiches Papier etc., was keinen Widerstand bietet, nehmen. Aber zuweilen sind diese Klagen wirklich gegründet. Zum engen Schrotschuss muss ein geschickter Büchsenmacher jeden Lauf zwingen, aber der Durchschlag ist nicht allen beizubringen. Unter der grossen Zahl von Flinten, die ich theils auf der Jagd, theils am Scheibenstand zu probiren Gelegenheit hatte, fand ich mehrere, die an diesem Fehler litten. Obgleich sie hinlänglich, ja überflüssig deckten, schossen sie matt und alles frische Ausbohren und Auskolben, sowie Versuche mit veränderter Ladung, halfen zu nichts. Worin Dies seinen Grund hat, ist bis jetzt noch nicht erklärt. Früher glaubte man, dass Läufe aus sehr weichem Eisen besonders gut schössen; diese Annahme ist durch die in neuerer Zeit sehr häufige, von dem besten Erfolge begleitete, Verwendung von Gussstahl zu Läufen von Schrotgewehren als beseitigt zu betrachten. Es wäre sehr wünschenswerth, wenn ein Technologe oder Waffenfabrikant hierüber genügende Aufschlüsse geben könnte.

Ich komme jetzt dazu, der Fabel von dem „Brande" zu erwähnen. Es gibt nämlich eine grosse Anzahl von Jägern, Büchsenmachern und sogar Fabrikanten, welche glauben, dass es nicht allein die *durchschlagende* (Percussions-) Kraft einer Flinte sei, welche das Wild tödte, sondern dass eine Flinte auch *Brand* verursachen müsse; es könne eine Flinte scharf und die Füchse und Hasen durch und durchschiessen und wenn sie keinen Brand habe, liefen dieselben dennoch davon. Durchschlag sei keineswegs die Hauptsache, der Brand thue bei Schrotschüssen das meiste; desswegen sei die Probe einer Flinte am Versuchsplatze unnütz, sie müsse auf der Jagd auf lebende Creaturen probirt werden. Nun frage ich, was soll denn der Brand sein? Ist es etwa eine geheime unbekannte Kraft, die einzelnen Flintenläufen innewohnt, die aber anderen fehlt? So oft ich auch schon von dem Brande habe reden hören, hat mir doch Niemand eine genügende wissenschaftliche Erklärung darüber gegeben, und man wird sie auch nie geben können. Der Brand ist etwas, was nicht existirt, ein Aberglaube, welcher sich von den alten Jägern fortgeerbt und theilweise bis auf unsere Zeit erhalten hat.

Jede Schusswunde ist von einem bläulich-schwarzen Rande umgeben, wie mit einem Brandschorfe [16]) ausgekleidet, welcher die Folge der Mortification der Gewebe, des Uebermaasses von Quetschung und Zerreibung und nicht der Verbrennung ist, wie man früher fälschlich annahm und woraus das Vorurtheil über den Brand der Flinten wohl theilweise entstanden sein mag. Also noch einmal weg mit dem Brande! Der Durchschlag allein ist es, worauf es bei den Flinten ankommt. Je schärfer eine Flinte durchschlägt, um so mehr werden alle Theile von den Schrotkörnern verletzt, um so tödtlicher werden also die Creaturen getroffen und um so rascher werden sie sterben.

Noch hört man zuweilen behaupten, dass Flinten, die grobes Schrot gut schössen, das feine streuten oder umgekehrt, dass eine Flinte mit Nr. 3 oder 4 viel, dagegen mit Nr. 0 oder 1 wenig leisten könne. Auch Dies ist unrichtig. Jede Flinte, die grobes Schrot gut schiesst, wird in demselben Maasse auch alle übrigen Schrotsorten gut halten.

Kugeln schiesse man nie aus Doppelflinten; die starke Reibung der Kugel wird den dünnen Doppelflintenläufen, welche, zum Kugelschiessen nicht bestimmt, die nöthige Stärke nicht besitzen, nachtheilig.

[16]) *Brand* nennt der Mediciner das Absterben der Gewebe, den Verlust der Lebensfähigkeit an irgend einem Theile des Körpers, den örtlichen Tod.

Ueber das *Laden* der Percussions-Doppelflinten wolle man sich Folgendes merken. Nachdem das abgemessene Pulver in den Lauf geschüttet ist, wird der Filzpfropf, der in Rücksicht des Calibers 1—1.2 Cm. stark sein muss, mit dem Ladestock mässig fest aufgesetzt; dann füllt man das ebenfalls abgemessene Schrot in den Lauf, rüttelt in der freien linken Hand das Gewehr einigemal, damit sich die Körner so dicht als möglich zusammenfügen und setzt dann endlich noch den zweiten Pfropf auf das Schrot. Auch dieser Pfropf wird nur leicht aufgesetzt; durch übermässiges Stossen mit dem Ladestock auf den Schrotpfropf wird den Körnern die runde Gestalt benommen und der Schuss verdorben. Der Schrotpfropf kann schwächer (etwa 7,5 Ml. stark), als der Pulverpfropf sein. Der Ladestockknopf der Doppelflinte soll ganz eben, nicht concav, und so stark sein, dass er das Caliber beinahe ausfüllt, damit sich die Pfropfen beim Laden egal aufsetzen. Einer ganz sauber ausgeputzten Flinte flämme man vor dem Gebrauche zuerst mit einem halben Schuss Pulver jeden Lauf aus, weil sonst bei Doppelschüssen der Schrotpfropf im zweiten Laufe bei dem Abfeuern des ersten sich verrücken und ein Theil der Schrotkörner in dem Laufe vorwärts rollen könnte. Diese Körner würden bei dem demnächstigen Abfeuern des betreff. Laufes mit den zurückgebliebenen und dem Pulverpfropf caramboliren und es steht alsdann das Zerspringen des Laufes zu befürchten; in günstigeren Fällen könnte es Ausbeulungen, bei Damastläufen das Ausspringen einzelner Drahtstreifen zur Folge haben.

Hat man die zwei Läufe einer Flinte abgeschossen, so lädt man am besten beide zuerst mit Pulver und dann zugleich mit Schrot, ehe man den einen nach dem andern ganz fertig. Man stecke aber bei dem Einfüllen des Schrots in den einen Lauf ja nicht den Ladestock in den anderen, da bei dem Einschütten des Schrots in den zu ladenden Lauf leicht eins oder mehrere Körner in den andern, in welchem der Ladestock steckt, fallen könnten. Dieser ist dann nur schwer, manchmal gar nicht anders, als durch Ausdrehen der Schwanzschraube wieder heraus zu bringen. Hat man nur einen Lauf abgeschossen, so versichere man vor dem Laden zuerst den andern noch geladenen und gehe überhaupt beim Laden den Läufen eine solche Richtung, dass man von einem zufällig losgehenden Schuss nicht getroffen werden kann.

Alles was in diesem §. über die Verhältnisse von dem Pulver zum Schrot, sowie über das Anschiessen

der Flinten überhaupt gesagt ist, gilt für alle Jagd-Schrotgewehre, nach welchem System sie auch construirt sind.

§. 17.

Zum Anfertigen von *Patronen* für die Percussionsflinte sind folgende Geräthschaften erforderlich:[17])

1) Ein *Patronenholz* (Taf. III, Fig. 1, A.). Ihm wird am unteren Ende a der scharfe Rand genommen und geht durch die Mitte und Länge dieses Holzcylinders ein 2 Ml. weites Bohrloch c, welches den freien Durchzug der Luft beim Herausziehen aus der Patronenhülse gestattet. Die richtige Stärke hat dieses Instrument, wenn es zur Probe mit gewöhnlichem leichtem Schreibpapier sechsmal umwickelt genau und fest mit der Mündung der betreff. Flinte calibrirt.

2) Ein *Ladeholz* (Taf. III, Fig. 2), ohne Bohrloch und von etwas geringerer Stärke, als das Patronenholz. Seinen äusseren Längenwänden c gibt man eine Schweifung, welche 1,5 Cm. breit vom Ende a beginnt und 5 Cm. breit vom Ende b aufhört, wodurch das Holz auf der halben Länge seinen geringsten Durchmesser erhält und sein Gebrauch beim Füllen der Patronenhülsen wesentlich erleichtert wird. Das obere Ende a ist ganz eben, das untere Ende b konisch abgerundet. Beide Instrumente werden aus festem, schwerem Holze gedreht und zur Abwehr der Feuchtigkeit polirt.

3) Ein *Locheisen* (Taf. III, Fig 2). Dies Instrument ist dazu bestimmt, ein rundes 7 Ml. im Durchmesser haltendes Loch in den Boden der Patronenhülse zu schlagen und wird zu dem Ende in letztere hineingesteckt, indem die Wände a des Eisens den innern Wänden der Patronenhülsen folgen, so dass die Schneide b genau die Mitte des Bodens trifft. Der rund ausgeschlagene Papierrückstand folgt nun beim fortgesetzten Gebrauch des Eisens dem auf der Zeichnung punktirt angedeuteten hohlen Raum c, bis er aufsteigend das vollständig geöffnete Loch d erreicht und hier ausgeleert wird. Die Verlängerung e dient als Handhabe und der Knopf f nimmt den Schlag des hölzernen Hammers auf. Die Anfertigung des Loch-

---

[17]) Die in diesem §. zunächst beschriebene Patrone wurde zuerst bekannt durch die in Schönebeck erschienene Schrift „die Kartätschpatrone für die Percussionsflinte" von J. Köhr, Königlichem Salinenförster in Schönebeck bei Magdeburg. Diese treffliche kleine Abhandlung ist für Jäger, die die Percussionsflinte führen, ganz besonders wichtig und verdient die weiteste Verbreitung. Die nöthigen Werkzeuge, sowie das Anfertigen der Patronenhülsen hat Herr Köhr so trefflich und bezeichnend beschrieben, dass ich hierbei, ausser einigen Abänderungen und Zusätzen, seine eignen Worte hersetzen will.

eisens darf erst geschehen, nachdem man seine Stärke durch Ermittelung der Weite der Patronenhülse festgestellt sieht, da selbstredend ein zu dickes Eisen sich nicht in die Hülse schieben lässt, dagegen ein allzuschwaches das Loch nicht in die Mitte schlägt.

4) Ein *Ladeklötzchen*. Dies ist am besten ein 7 Cm. im Durchmesser starker und 5 Cm. hoher Abschnitt von einem Hainbuchenstämmchen, in dessen Mitte (Stirnseite) man ein dem Durchmesser der Patrone entsprechendes Loch, etwa 4 Cm. tief bohrt, welches im Boden die gewölbte Form des Patronenbodens haben muss.

5) Ein oder mehrere *Hainbuchenholzabschnitte*, etwa in der Stärke des Ladeklötzchens, deren Stirnseite beim Gebrauche des Locheisens als Unterlage dient.

Alle diese Fabrikationsgeräthe kann man sich bei jedem Dreher oder Mechaniker machen lassen. Ein Locheisen kostet 1 Thlr., die beiden Hölzer und das Ladeklötzchen je 5 Sgr.

Beim Fabrikationsverfahren der Patronenhülsen ist nun Folgendes zu beachten: Die Fig. 3—8 incl. auf Taf. III. sind in verjüngtem Maassstabe (¹⁄₈ der wirklichen Grösse) gezeichnet. Fig. 3 stellt einen halben Bogen Papier gewöhnlichen Schreibformats dar. Man legt ihn doppelt — die Ecken a a genau auf b b —, erhält dadurch die Fig. 4, legt ihn wiederum doppelt (jetzt 4 Blatt stark) a b genau auf a b und erhält dadurch Fig. 5. Nochmals wird durch eine Doppellegung (jetzt 8 Blatt stark) die Ecke c genau auf a b, a b gerichtet und es entsteht Fig. 6, welche — das Papier wieder auseinander gefaltet — in ihren Kniffen die Fig. 7 hervorbringt. Zertheilt man nun das Blatt mit dem Messer oder der Scheere seinen Falten nach, so erhält man 8, von Bogen also 16, ganz gleichgeformte Stücke als Hülsenmaterial. Hiernächst fügt man eine Parthie dieser Stücke, 10 bis 20, über resp. unter einander, so dass bei a Fig. 8 die oberen Grenzen des unterst gelegten, bei b aber die des oberst gelegten Papieres fallen und übertüncht mittelst eines Pinsels die dadurch gebildeten zwischen a und b liegenden Treppenstufen mit Kleister (Leim würde zu schnell trocknen), wodurch die bestrichene Randfläche (Fig. 1. B, d) 5 Ml. Breite erhält. Nunmehr nimmt man Blatt für Blatt ab, legt solches vor sich auf einen ebenen starken Pappdeckel oder Bret, das Patronenholz (Fig. 1. A.) aber unten — das Ende a etwa 1 Cm. vom linken Rande des Blattes B entfernt — an, drückt mit Gebrauch beider Hände das Papier hart um das Holz,

rollt es fest und sicher, doch nach der Spitze e etwas weniger anliegend ¹⁵) auf, nimmt dann den dadurch entstandenen hohlen Raum f in den Mund zwischen die Vorderzähne, kneift, resp. dreht ihn befeuchtend gegen die Patronenholzwand a und staucht endlich, den Patronenboden formirend, den Holzcylinder senkrecht auf ein hartes Bret drei bis viermal auf. Ist Dies geschehen, so hat man nur noch sofort ein bereit liegendes rundes, 1 Cm. im Durchmesser haltendes, weiches Papierstück über den feuchten gestauchten Patronenboden mittelst Kleisters zu legen, denselben gegen die innere Fläche der linken Hand zu drücken, das Patronenholz aus der nun fertigen Hülse zu ziehen und letztere — den verklebten Theil nach unten — Stück an Stück gereiht zum Trocknen (etwa in einer hohen Cigarrenschachtel) aufzustellen. Die rund auszuschneidenden Papierstücke gewinnt man leicht und massenhaft, indem man ein grösseres Blatt vielfach übereinanderlegt und mit der Scheere durchzirkelt.

Sind die Hülsen trocken, so nimmt man sie einzeln heraus, steckt das Locheisen hinein, und schlägt gegen die Stirnseite des unter 5 erwähnten Holzklötzchens ein Loch in den Patronenboden. Die Hülse ist nun zur Füllung fertig.

Um diese zu bewirken, steckt man die Hülse in das Ladeklötzchen und schliesst zuerst das mit dem Eisen geschlagene Loch mittelst eines zusammengekugelten Wergpfropfens — im Volumen einer Haselnuss — indem man solchen mit dem Ende a des Ladeholzes mässig fest auf den Patronenboden aufsetzt. Nachdem man hierauf das erforderliche Pulver eingeschüttet hat, wird mit dem Ende b des Ladeholzes der (weiter unten näher beschriebene) Treibspiegel auf das Pulver geschoben, ohne solches jedoch zu fest zusammen zu drücken; hierauf wird das Schrot eingeschüttet und die Zwischenräume, die sich besonders bei grobem Schrot merklich bilden, mit feinem *Sand* ausgefüllt; ein leichter 7,5 Ml. starker Filzpfropfen deckt die Ladung. Zuletzt wird der überstehende Hülsenrand etwas befeuchtet, mit Daumen und Zeigefinger regelmässig übereinandergekniffen und mit dem Ladeholz zugestaucht ¹⁶) und so die Patrone zum voll-

¹⁵) Hierdurch wird der obere Durchmesser der Hülse ein wenig grösser; es geschieht Dies deshalb, damit sich der Treibspiegel, der genau und fest in die Hülse passen muss, leichter einschieben lässt.

¹⁶) Die Patrone darf nicht zugeleimt und noch viel weniger zugebunden werden, weil sonst durch den zu starken Widerstand am vorderen Ende derselben die Hülse hinter dem Filzpfropfen auf der Seite reisst und der Schuss streut. Der überstehende Hülsenrand

3

ständigen Verschluss gebracht. Die so gefüllten Patronen stellt man dann wieder reihenweise, nachdem man noch auf jeder die betreff. Schrotnummer bezeichnet hat, mit der Schrotsäule nach unten in eine Cigarrenschachtel auf, bis das gestauchte und befeuchtete Ende trocken geworden ist.

Der *Treibspiegel* (Taf. III., Fig. 12) ist ein aus Pappe gepresster 1,8 bis 1,9 Cm. langer Pfropfen, der auf der einen Seite, die auf das Pulver zu sitzen kommt, eine geringe Aushöhlung hat, in welche eine 1,8 Ml. dicke Scheibe von weicher Pappe eingepresst ist. Auf der anderen Seite, auf welche das Schrot sich lagert, ist er 8 Ml. tief ausgehöhlt und sind die Wände dieser Höhlung mit 5 Ml. tiefen Schlitzen versehen. Dieser Pfropfen bildet eine feste Scheidewand zwischen der Schrot- und Pulversäule in der Patrone und es soll kein Filzprofen an seiner Stelle in dieselbe gebracht werden. Er muss genau so angefertigt sein, wie ich ihn hier beschrieben habe. Er darf nie auf der Seite, die sich dem Pulver zuwendet, eine tiefe Höhlung haben, weil er sonst durch die Pulvergase zerrissen wird, wodurch die Hülse schon in dem Laufe des Gewehres zerplatzen könnte. Die ganz flache Höhlung dient nur dazu, die Pappscheibe aufzunehmen. Man bezieht Treibspiegel billig (das Tausend zu 3 Thlr. 10 Sgr.) in allen Calibern aus der v. Dreyse'schen Gewehrfabrik in Sömmerda; auch durch die Gewehrmunitionsfabrik von Dreyse und Collenbusch kann man sie von dort bekommen.

Die Patronenhülsen kann man, so viel mir wenigstens bekannt ist, aus Fabriken nicht beziehen; man muss sie sich, wie es im Vorstehenden gelehrt worden, selbst machen, oder kann sie auch von einem Buchbinder, dem man das Patronenholz mit den nöthigen Angaben gibt, anfertigen lassen.

Der Sand darf nicht in einem beliebigen Quantum zu dem Schrot geschüttet werden. Man findet die entsprechende Menge, indem man das für die betreff. Flinte passende Lademaass mit grobem Schrot (am besten mit Nr. 00) füllt und dann so viel feinen, sehr trocknen weissen Stubensand zuschüttet, bis alle Zwischenräume ausgefüllt sind. Dann schüttet man Schrot und Sand aus und bringt das Schrot weg. Für den zurückbleibenden Sand lässt man sich, ähnlich wie für Pulver oder Schrot, ein kleines Maass mit Hand-

ist gewöhnlich etwas zu gross; man schneidet ihn daher vor dem Zusammenkneifen bis auf ungefähr 1,2 Cm. seiner Länge über dem Filzpfropfen ab.

habe machen. Sägemehl oder Kleie anstatt des Sandes zu nehmen, ist nicht gut, weil beides sich nicht so gründlich in die Zwischenräume setzt, wie der Sand. Das Gewicht des letzteren ist ein so unbedeutendes, dass man nicht nöthig hat, weniger Schrot zu nehmen, sondern man lässt das Schrotgewicht im Verhältniss zum Pulver unverändert, wie bei der losen Ladung.

Um beim Füllen der Hülsen rasch arbeiten zu können, schöpft man Pulver, Schrot und Sand, welche man in Gefässen vor sich hinstellt mit den mit Handhaben versehenen Lademaassen in die Hülsen. Taf. III., Fig. 9. zeigt eine fertige Patrone im Durchschnitt, a das Werg, b die Pulversäule, c der Treibspiegel, d die Schrotsäule und e den Filzpfropfen.

Will man laden, so ergreift man die Patrone mit der rechten Hand, zieht mit dem Zeigefinger und Daumen der Linken den hervorquellenden Wergpfropfen aus dem Loche und steckt die Patrone, mit dem Loche zu unterst, in den Gewehrlauf. Während man die Patrone mit dem Ladestock hinunter stösst, läuft alles Pulver aus der Hülse in die Kammer, durch einige leichte Stösse mit dem Ladestock staucht sich der zwischen dem Patronenboden und dem Treibspiegel durch das Auslaufen des Pulvers entstandene hohle Raum über dem Pulver in kurze Falten zusammen.

Das hinter dem Spiegel zusammen gestauchte Papier, sowie die eingepresste Pappscheibe, welche sich im Moment des Abfeuerns vor dem Pulver auseinander legt und sich fest an die Wände des Rohres anpresst, bieten im Verein mit dem Spiegel selbst einen festen Widerstand gegen die Pulvergase und verhindern das Vortreten derselben vor die Schrotsäule. Hierdurch kommt das Pulver gehörig zur Verbrennung. Der Spiegel verlässt mit der Schrotsäule als ganze Patrone das Rohr, erst vor demselben legt sich die Hülse vorn auseinander und während das Schrot vorwärts treibt, fällt der Spiegel, der in Folge des Luftwiderstandes in seinen Schlitzen sich aufbläht und aufblättert. bald zu Boden.[20]

Der Schuss mit dieser Patrone ist ein bedeutend wirksamerer, wie mit der gewöhnlichen losen Ladung. Bei letzterer werden beim Abfeuern des Schusses die hinteren Schrotkörner gegen die vorderen, resp. durcheinander gedrängt, wodurch das Schrot immer zu

---

[20] Nur in ganz seltenen Fällen kommt es vor, dass ein Spiegel nicht zurückbleibt, sondern gleichzeitig mit dem Schrot das Ziel erreicht; die Schlitze dürfen desswegen nie in dem Spiegel fehlen, da letzterer sich sonst nicht rechtzeitig von dem Schrot trennen würde.

streuen geneigt ist und öfter sog. hohle Schüsse ausfallen. Bei der Patrone dagegen geht die Schrotsäule durch die mit Sand ausgefüllten Zwischenräume als eine compacte, consistente Masse vor dem Treibspiegel in dem Laufe vorwärts; jedes Schrotkorn behält, da es durch den Sand genöthigt ist, an seinem Platze zu bleiben, die Richtung der Bewegung, die ihm durch die vorwärtstreibende Kraft der Pulvergase mitgetheilt wurde und es geht auf diese Weise weniger Kraft verloren.

Ich führe hier, um den Unterschied in der Schusswirkung zu zeigen, einen Versuch an. Eine Doppelflinte, Caliber 15,5 Ml., die zur Ladung 3,40 Gr. Pulver und 21,00 Schrot = 35 Körner Nr. 00 erhielt, wurde in zwei Serien zu je sechs Schüssen mit der losen Ladung und mit der Patrone auf 27,5 M. Entfernung probirt. Das Resultat ist Folgendes:

Lose Ladung.			Patronenladung.		
Nummer Schüsse	Zahl der Körner, die auf jeden Schuss den Zielbogen trafen.	Zahl der jedesmal durch das Bret gefahrenen Körner.	Nummer der Schüsse	Zahl der Körner, die auf jeden Schuss den Zielbogen trafen.	Zahl der jedesmal durch das Bret gefahrenen Körner.
1	13	9	1	18	13
2	11	8	2	19	14
3	10	7	3	26	21
4	10	9	4	18	12
5	13	9	5	20	17
6	10	10	6	19	13
Summe der 6 Schüsse	67	52	Summe der 6 Schüsse	120	90
Durchschnittl. Zahl.	11	9	Durchschnitt. Zahl.	20	15

Während also die lose Ladung durchschnittlich ein Drittheil Schrotkörner auf den Zielbogen bringt, ist Dies bei der Patrone mit zwei Drittheilen der Fall. Wenig wird von einer Flinte, die auf diese Weise geladen ist, auf 30 und 40 M. Entfernung davon laufen, d. h. wenn der dahinterstehende Schütze richtig gehalten hat.[21] Neben dem wirksameren Schusse ist der namentliche Vortheil der Patrone das rasche und angenehme Laden gegenüber der losen Ladung, wo die Flinte aus Pulverhorn und Schrotbeutel oft mit viel Zeitverlust bedient werden muss, namentlich im Winter, wo beim Jagdbetriebe steife und durchkältete Finger nichts seltenes sind. Bei einiger Uebung kann

[21] Hierüber siehe den Anhang.

man mit dem Laden fast ebenso rasch fertig werden, wie Dies bei einem Hinterladungsgewehre der Fall ist.

Durch die Patronenladung bleiben die Seelenwände der Läufe auch von allem Bleiansatz verschont, da das Schrot in der Papierhülse durch das Rohr geführt wird und nicht in unmittelbare Berührung mit demselben kommt. Die Patrone muss gut in dem Laufe schliessen, so dass sie sich saugend auf das Pulver hinunter schieben lässt. Sie darf nicht von selbst hinuntergleiten, da ein zu grosser Spielraum matte Schüsse herbeiführt. Zu den Hülsen muss gutes und festes Papier genommen werden, damit sie bei der Entzündung des Schusses im Rohre ganz bleiben und keinen Sand streuen, was den Laufwänden nachtheilig sein würde. Doch darf man zu den Hülsen auch nicht zu starkes Papier verwenden, weil sich sonst der hohle Raum zwischen Boden und Spiegel mit dem Ladestock nicht zusammenstauchen lässt und es zu befürchten steht, dass sich die Hülsen vor dem Laufe auseinander legen und der Spiegel nicht zurückbleibt. In solchen Fällen kann es vorkommen, dass die Patrone als ganze Patrone weiterfliegt, sich in der Luft überschlägt und bei endlichem Zerplatzen einen anderen Fleck als das Zielobjekt trifft.

Ich muss jetzt auch eines Nachtheils, aber auch des einzigen, der bei der Patronenladung in Betracht kommt, erwähnen. Es ist nämlich der Umstand, dass sich die geladenen Patronen mit dem Flintenkrätzer nicht ausziehen lassen. Dies kann zuweilen beim Jagdbetriebe störend wirken; aber die bereits aufgezählten Vortheile, da auch namentlich die Beschaffung der Patronen eine höchst billige ist, überwiegen der losen Ladung gegenüber weit. Die Patronen werden beim Gebrauche in Patrontaschen, in deren cylindrisch geformte Abtheilungen sie mit der Pulversäule zu unterst gesteckt werden, nachgeführt. Niemals dürfen geladene Patronen (welcher Construction sie auch sein mögen) mit der Schrotsäule nach unten in die Patrontasche gesteckt werden, weil, wenn der Treibspiegel oder Pulverpfropfen auch noch so gut in der Hülse schliesst, es doch möglich ist, dass durch vieles Schütteln und Rütteln einzelne Pulverkörner an demselben vorbei in das Schrot si-kern könnten. Beim Abfeuern einer solchen Patrone entzünden sich diese zwischen dem Schrot befindlichen Pulverkörner erst in dem vorderen Theile des Laufes, und die Folge davon sind die schon im vorigen §. erwähnten Ausbeulungen, welche als kleine wellenförmige Erhöhungen auf der

Aussenseite des Laufes sichtbar und fühlbar werden. Im ungünstigeren Falle ist sogar das Springen des Laufes möglich.

Köhr theilt in seiner Schrift ein Recept mit, wonach man sich Treibspiegel aus Leim, Kreide und Löschpapier selbst verfertigen kann. Man kann diese Spiegel wohl verwenden, aber da ihnen die ausgezeichnete Form der gepressten nicht beizubringen ist, und sie mithin den Schusseffect der Patrone vermindern, rathe ich nicht dazu.

Die Patronen lassen sich noch auf eine andere Art anfertigen. Das Verfahren dabei ist noch einfacher und das Locheisen wird entbehrlich. Man legt einen halben Bogen Papier dreimal so zusammen, dass er, wieder auseinander gefaltet, in seinen Kniffen die Fig. 11 auf Taf. III hervorbringt. Zertheilt man das Blatt, erhält man ebenfalls acht, vom Bogen also sechszehn gleichgeformte Stücke. Nachdem man das ganz cylindrische Patronenholz A auf das Blatt B so angelegt hat, wie es die Fig. 3 auf Taf. II zeigt, rollt man das Papier, wie früher beschrieben, auf, bildet durch feuchtes Zusammendrehen und Aufstauchen des hohlen Raumes b den Patronenboden und legt das bekannte runde Papierstück darüber. Die getrocknete Hülse steckt man zum Zwecke des Füllens, den Boden nach unten, in das Ladeklötzchen, dessen Loch aber hierbei nur 2.5 Cm. tief sein muss, schiebt mit dem Ladeholz den Treibspiegel bis auf den Boden, schüttet das Schrot, dann den Sand und verschliesst die Patrone in der früher angegebenen Weise. Taf. III. Fig. 10. zeigt diese Patrone im Durchschnitt; a den Patronenboden, auf welchem unmittelbar der Treibspiegel b sitzt, c die Schrotsäule und d den Filzpfropfen. Da diese Patrone nur das Schrot enthält, so muss beim Laden das Pulver zuerst aus dem Pulverhorn in den Gewehrlauf geschüttet werden; dann wird die Patrone ohne weiteres aufgesetzt. Die Schusswirkung ist dieselbe wie bei der erstbeschriebenen Art. Letztere ist aber, weil bei ihr Pulver, Spiegel, Schrot und Pfropfen verbunden in das Rohr gleiten, bei weitem vorzuziehen. Die Papierhülsen zu dieser Art von Patronen kann man übrigens in allen Calibern das Tausend zu 25 Sgr. aus den Fabriken zu Sömmerda beziehen.

§. 18.

Der Schuss mit einem Rundgeschoss (Kugel) aus einem glatten Rohr ist weder genau noch scharf. Denn die Kugel rückt in Folge des *Spielraums* (den

sie in einem glatten Laufe immer hat), sobald sie durch die entwickelten Pulvergase vorwärts gedrängt wird, nicht genau in der Richtung der Achse des Seelencylinders fort, sondern schlägt unter verschiedenen, nicht zu regulirenden Winkeln an die Seelenwände an und verlässt demgemäss mit bedeutenden Abweichungen nach oben, unten, oder nach der Seite das Rohr. Durch ihre geringe Reibung an den Laufwänden bietet sie den Gasen nicht den nöthigen Widerstand und ohne diese Bedingung ist ein scharfer Schuss nicht denkbar. Dazu kommt noch der weitere Uebelstand, dass die Kugel wie jeder freiliegende Körper, dessen Rotation nicht in besonderer Weise geregelt wird, um ihren Schwerpunkt rotirt, welcher in Folge der ungleichen Dichtigkeit des gegossenen Bleies gewöhnlich nicht in der Mitte der Kugel liegt.

Durch Anwendung eines Pflasters kann man allerdings den Spielraum verringern, aber nicht aufheben. Bei zu geringem Spielraum wird durch fortgesetztes Schiessen und damit zusammenhängendes Ansetzen von Pulverschleim das Laden zu sehr erschwert, zuletzt unmöglich.

Desswegen sah man sich, um den Kugelschuss besser und sicherer zu machen, nach anderen Mitteln um und erfanden, wie uns Geschichtsbücher mittheilen, deutsche Büchsenmacher zu Nürnberg schon um die Mitte des 16. Jahrhunderts die *gezogene Kugelbüchse*. Da man anfangs nur darauf bedacht war, den Spielraum aufzuheben, gab man den Büchsen gerade Züge; erst später, als durch Aufhebung des Spielraums zwar viel gewonnen schien, der ungünstige Einfluss der Rotation aber noch blieb, kam man auf den glücklichen Gedanken, die Züge in zwar unter sich paralleler, aber *spiraler* Windung an den Seelenwänden des Laufes herumzuführen. Die mit einem gefetteten Pflaster umwickelte Kugel, deren Durchmesser dem Laufcaliber fast gleich kam, wurde nun vermittelst des Ladestocks in die Büchse geschoben, wobei die Falten des Pflasters, sowie ein Theil des Bleies seitwärts in die Züge tritt, während der übrige Theil der Geschossoberfläche sich genau schliessend an die Felder anlehnt. Durch die spirale Windung der Züge erscheint uns, so zu sagen, das Rohr als eine Schraubenmutter, deren Gängen die Kugel durch Hülfe des Pflasters als völlig schliessende Schraube beim Laden folgt und hierdurch beim Abfeuern genöthigt ist, auch ausserhalb des Rohres die ihr mitgetheilte schraubenförmige oder spirale Drehung beizubehalten. Die Rotation war hiermit also geregelt.

Durch weitere Verbesserungen (das Stechschloss und den doppelten Visirpunkt), die man nach und nach erfand, wurde die Trefflichkeit der gezogenen Waffe, deren Schuss sich durch die Einführung der spiralen Züge als auffallend sicher erwies, noch bedeutend erhöht, und sie wurde bald die Lieblingswaffe der deutschen Jäger.

Ueber 200 Jahre blieb die gezogene Pflasterkugelbüchse in ihren Grundelementen unverändert im Gebrauche der Waidmänner und einzelner Truppentheile (Schützen- und Jägerbataillone). Erst mit unserem Jahrhunderte haben viele Erfindungen, welche durch die Anforderungen, die man in der neueren Zeit an gezogene zum Kriegsgebrauch bestimmte Feuergewehre stellt, hervorgerufen wurden, mannichfache Veränderungen an der Form der Geschosse und den Lademethoden herbeigeführt.

Die Pflasterkugel wird beim Laden immer etwas abgeplattet und hat dadurch die Neigung, wenn sie eine Strecke weit geflogen ist, in die natürliche Rotation zurückzukehren. Sie besitzt nicht die Fähigkeit, die ihr durch die Pulverkraft verliehene Anfangsgeschwindigkeit dauernd zu bewahren, auch ist die Kugelgestalt nicht geeignet, die Luft leicht zu durchschneiden. Man verfiel desswegen auf die Idee, statt der Kugel *Spitzgeschosse* anzuwenden. Ein Spitzgeschoss erscheint uns wie aus einem Cylinder mit kegelförmiger Spitze zusammengesetzt (s. Taf. I. Fig. 4). Die wesentlichen Vorzüge des Spitzgeschosses vor der Kugel sind folgende: 1) Vermöge ihrer ganz ebenen im Verhältniss zur Länge kleinen Grundfläche empfangen die Spitzgeschosse durch die Pulvergase einen kräftigeren, concentrirteren Stoss als die Kugel. 2) Sie durchschneiden die Luft leichter und werden vermöge ihrer Länge von der untern Luftschicht mehr getragen, fliegen mithin schneller. 3) Sie nehmen, da sich ihr cylindrischer Theil mit einer grösseren Berührungsfläche an die Wände des Rohres anschmiegt, die spirale Rotation sehr sicher auf und bewahren sie bis an das Ende ihrer Flugbahn.

Die Einführung der Spitzgeschosse für gezogene Waffen ist also vollständig gerechtfertigt, während für eine Flinte als Geschoss die rein sphärische Form die einzig mögliche ist. Ein Spitzgeschoss aus einem glatten Gewehre geschleudert, würde in Folge der natürlichen Rotation enorme Seitenabweichungen machen.

Eine wesentliche Verbesserung der Spitzgeschosse sind die Cannelirungen oder Nuthen, d. h. den cylin-

drischen Theil umlaufende Einkerbungen. Durch dieselben wird der Schwerpunkt des Geschosses so weit vorgerückt, dass es in die Mitte oder doch nicht weit hinter die Mitte zu liegen kommt, sie reduciren die Reibung der Geschosse auf die zwischen ihnen stehenden calibermässigen Bleiringe, bilden ein sehr geeignetes Reservoir für Fett, welches das Gleiten des Geschosses begünstigt und erleichtert das Laden bei verschleimtem Rohr, indem der Pulverschmutz und die Falten des Pflasters in die Vertiefungen ausweichen können.

In dem folgenden §. wollen wir die verschiedenen Ladungsarten, welche bei gezogenen zum Jagdgebrauch bestimmten Feuerwaffen in Anwendung kommen, näher betrachten.

§. 19.

1) *Rundgeschosse.*

a) *Massive Kugel.* Nachdem man die erforderliche Ladung Pulver eingeschüttet hat, wird ein leichter Filzpfropfen auf dasselbe gesetzt, dann die mit dem Pflaster, dessen gefettete Seite der Seelenwand zugekehrt wird, umhüllte Kugel mit dem Ladestock bis auf das Pulver geschoben. Zuletzt stösst man den Ladestock, ohne ihn dabei festzuhalten, einigemal auf die Kugel, bis er das erstemal in dem Lauf in die Höhe springt.[22] Dies ist das Zeichen, dass die Kugel hinlänglich fest aufsitzt, noch weiteres Stossen ist zwecklos und nachtheilig, weil die Kugel dadurch zu stark abgeplattet wird und die Pulverkörner theilweise in Staub verwandelt werden. Der Ladestockknopf (zur Kugelbüchse) soll desswegen auch von Horn und nicht von Metall sein. Die Pflaster werden aus guter Leinwand mit dem Pflasterschläger (der ganz so wie ein Pfropfenschläger gemacht wird, s. den §. 22) zirkelrund und so gross geschlagen, dass sie zwei Drittheile der Kugel bedecken. Sie werden entweder blos auf der einen Seite mit Talg gleichmässig bestrichen oder noch besser durch eine Auflösung von ⅔ Talg und ⅓ Oel[23] gezogen, wodurch die beiden Seiten des Pflasters gefettet werden und es gleichgültig ist, welche

---

[22] Hierbei halte man aber die Büchse in der linken Hand etwas von der Erde in die Höhe, weil es möglich ist, dass bei einem verschleimten Gewehre, wenn es auf die Erde gestellt wird, der Ladestock doch springt, ohne dass die Kugel aufsitzt; am besten macht man sich an dem Ladestock eine leichte Einkerbung als Zeichen, wie weit er hervorstehen muss, wenn die Kugel das Pulver erreicht hat.

[23] Wenn hier und in dem Folgenden von Oel gesprochen wird, so ist stets, wenn es nicht ausdrücklich anders bemerkt wird, reines Knochen- oder Provenceröl darunter zu verstehen.

Seite dem Laufe zugekehrt wird. Der Filzpfropfen zwischen Pulver und Kugel verhindert das Anhängen von Pulverkörnern in das Fett des Pflasters und das Entzünden des letzteren. Beim Einschieben der Kugel in den Lauf richte man die Seite, an welcher der Schwanz abgekniffen ist, oberwärts, dem Ladestock zugekehrt.

b) *Platzkugel.* In dem einen Backentheile der Geschossform (Taf. V., Fig. 1) ist ein Kreuz a eingesetzt, so dass die Kugel beim Giessen bis auf einen kleinen Theil ihres Durchmessers in vier Stücke getrennt wird und aus der Form ausgeklopft so erscheint, wie es die Fig. 2 zeigt. Vor dem Gebrauche wird die Kugel in einer gewöhnlichen Kugelform (oder auch mit den Fingern) zusammendrückt, so dass sie dann wie eine massive Kugel aussieht. (Taf. V., Fig. 7). Sie wird gerade so, wie letztere geladen, die Seite, wo der Schwanz vom Messer weggenommen ist, stets oberwärts, dem Ladestock zugekehrt. Die Platzkugel verursacht, da sich beim Aufschlagen und während des Eindringens in den Thierkörper, die vier Flügel der Kugel mehr und mehr auseinander legen, eine bedeutende Verwundung. Die Ausgangsöffnung des Schusscanals ist gewöhnlich noch viel grösser, als die Eingangsöffnung, die ganze Wunde unregelmässiger und stärker zerrissen, wie bei einer massiven Kugel.[24]

2) *Spitzgeschosse.*

a) *Dranglading.* α) *mit Pflaster.* Das Spitzgeschoss wird mit einem runden Pflaster, welches so gross ist, dass es den cylindrischen Theil des Geschosses etwas überragt, also völlig bedeckt, auf dieselbe Weise geladen, wie die Kugel.

β) *ohne Pflaster.* Das Geschoss hat auf den Ringen, die durch die Cannelirungen des cylindrischen Theiles gebildet sind, so viele Zapfen, als die Büchse Züge hat, welche die Form und Tiefe der Züge im Hautrelief wiedergeben. Das gefettete Geschoss wird ohne Pflaster auf das Pulver gesetzt.

b) *Geschossstauchung.* Die unter 2, a, beschriebenen Spitzgeschosse verlangen zum Laden dieselbe Zeit, wie die Kugel. Beim Jagdbetriebe ist Dies meist von geringerer Bedeutung, nicht aber im Kriege, wo es auf möglichst schnelles Feuern ankommt. Desswegen verfiel man auf die Idee, dass das Geschoss mit Spielraum, wie bei einem glatten Gewehre, in den Lauf geladen werden und erst, wenn es das Pulver erreicht habe,

einen Widerstand finden müsse, der es, sobald von oben Stösse mit dem Ladestock geführt werden, so ausdehne, dass es, seitwärts gegen die Seelenwände ausweichend, die Züge ausfülle und dadurch die spirale Rotation erhalte, welche den mit Drang geladenen Geschossen verliehen wird.

α) *Stift-* oder *Dornbüchsen* sind die Erfindung eines französischen Artillerie-Officiers Namens Thouvenin. In die Bodenmitte der Schwanzschraube ist ein starker stählerner Dorn oder Stift eingeschraubt, auf welchen das Geschoss, nachdem das Pulver eingeschüttet ist, und sich um den Dorn herumgelagert hat, mit zwei oder drei Ladestockstössen aufgestaucht wird; hierdurch muss das Blei seitwärts in die Züge eintreten und die spirale Rotation ist gewonnen. Das Geschoss erhält kein Pflaster, nur wird die Cannelirung mit einem gefetteten[25] Wollfaden umwickelt. Der Dorn muss so lang sein, dass das aufgestauchte Geschoss das Pulver gerade erreicht, ohne die Körner zu zermalmen, was durch einen zu kurzen Dorn herbeigeführt würde. Ein zu langer Dorn würde zwischen Pulver und Geschoss einen leeren Raum und dadurch einen heftigen Rückstoss des Gewehres verursachen.

Andere Arten der Geschossstauchung sind die Kammerbüchsen (nach Delvigne) und die österreichischen *Lorenzgeschosse;* aber diese sowohl, als die *Expansionsgeschosse* (nach Minié) sind aus verschiedenen Gründen[26] zu Jagdwaffen nicht recht geeignet und wollen wir deshalb desswegen hier übergehen.

Betrachten wir nun die Vorzüge und Nachtheile der verschiedenen Geschossarten. Das unter 2, a, β, beschriebene Geschoss liefert, wenn die Geschossform gut construirt ist, einen ziemlich sicheren Schuss, ist aber dennoch das praktisch am wenigsten geeignete, weil die Ladeweise die mühevollste ist. Die Dornbüchsen erweisen sich im Schuss sehr gleichmässig und laden sich leicht, nur wird durch den Dorn die Reinigung der Waffe erschwert; der Putzstock muss statt der gewöhnlichen Einkerbungen eine eiserne oder messingene Hülse haben, in die der Dorn eindringen kann und auf welche zum Festhalten des Werges die Kerben eingefeilt sind. Das Spitzgeschoss mit Pflaster geladen, liefert einen vorzüglichen Schuss und lässt sich, wenn man das Pflaster nicht zu stark macht,

---

[24] Eine Platzkugelform kostet ca. 4 Thaler.

[25] Man macht zu diesem Zweck eine Auflösung von ¾ Talg und ¼ Wachs, durch welche der Faden gezogen wird.

[26] Die Geschosse sind meist zu complicirt; einige können nicht gegossen werden, sondern müssen gepresst werden etc.

leicht und rasch laden; es muss sich mit dem Ladestock (ohne Anwendung eines Ladehammers), vorausgesetzt, dass die Büchse nicht zu stark verschmutzt
ist, ohne grosse Kraftanstrengung auf das Pulver
schieben lassen. Sind die Pflaster oder der Durchmesser der Geschosse zu stark, so ist die Ladeweise
zu mühevoll, die Büchsen stossen beim Abfeuern, und
durch die zu grosse Reibung wird die Anfangsgeschwindigkeit des Geschosses vermindert, was der
Sicherheit des Schusses Abtrag thut.

Bei gezogenen Militär-Gewehren kommt, da man
in der Neuzeit riesige Schussweiten und eine grosse
Treffähigkeit verlangt, bei der Construction der Geschosse gar viel in Betracht. Den vorderen Theil der
Militär-Spitzgeschosse formt man jetzt gewöhnlich nicht
mehr rein konisch, sondern spitzbogenförmig gewölbt
(ogival), wodurch der Schwerpunkt mehr in den vorderen Theil des Geschosses verlegt und das Ueberschlagen desselben verhindert wird. Für die Balance
auf grössere Tragweite ist Dies von besonderem Vortheil. Weniger Schwierigkeiten erfordert die Verfer-
tigung der Geschosse für Jagdbüchsen, von denen man
auf 50 bis höchstens 80 M. einen sicheren Schuss
verlangt. Alle gezogenen mit Spitzgeschossen geladenen
Waffen schiessen auf diese Entfernungen ziemlich gleich
gut, wenn das Geschoss seine Führung in den Zügen
so sicher fand, dass seine spirale Rotation dauernd
gesichert ist.

Auch die alte Pflasterkugelbüchse genügt zum
Jagdbetriebe fast vollständig und man sieht bis auf
den heutigen Tag fast noch ebenso viele Percussions-
Büchsen mit Kugeln, wie mit Spitzgeschossen laden.
Es mag Dies theilweise seinen Grund haben in der
unter den Jägern häufig verbreiteten Ansicht, dass das
Spitzgeschoss beim Eindringen in einen Körper sich
leichter verschlage, als die Kugel. Aber Dies ist nicht
der Fall; die Percussionskraft der Spitzgeschosse ist,
wie wir oben gesehen haben, eine viel bedeutendere,
als die der Kugel und ich weiss mehrere Fälle, wo
zwei neben einander laufende Stücke Wild von einem
Spitzgeschosse durchbohrt wurden, während Dies auf
gleiche Entfernungen mit der Kugel nicht mehr Statt
fand. Allerdings verschlagen sich Geschosse zuweilen
beim Eindringen. Dies kommt daher, weil sie nicht
immer rechtwinklich gegen die Körperoberfläche aufschlagen und an der Festigkeit und Elasticität von
Knochen und verschiedenen Geweben einen mehr oder
weniger grossen Widerstand finden. So geschieht es,

dass ein Geschoss auf eine Rippe aufschlägt und statt
gerade durch den Leib zu fahren, der Krümmung der
Rippe folgt und neben dem Rückstrang wieder zum
Vorschein kommt. Dies kann bei allen Geschossen
vorkommen, aber gewiss häufiger bei Kugeln, als bei
Spitzgeschossen.

Das mit Pflaster geladene Spitzgeschoss ist für
die Percussions-Jagdbüchse das *beste*. Es hat vor den
anderen Spitzgeschossen eben den besonderen Vortheil,
dass durch das Pflaster das Blei nicht in unmittelbare
Berührung mit den Seelenwänden kommt. Der cylindrische Theil des Geschosses soll eine Cannelirung
und demgemäss zwei calibermässige Bleiringe haben.
Durch mehr Cannelirungen wird der cylindrische Theil
zu lang und der Schwerpunkt der Basis zu nahe gelegt, was das Ueberschlagen des Geschosses zur Folge
haben kann. Die Länge des cylindrischen Theiles zur
Spitze soll sich verhalten wie 3:7. Die Spitze, die
also um etwas mehr als das doppelte länger sein muss,
als der Cylinder, soll rein kegelförmig geformt sein,
da durch eine ogivale Spitze ein Jagdspitzgeschoss,
welches von nicht zu geringem Caliber sein darf, zu
schwer wird. (S. die Taf. I, Fig. 4.) Der Metallade-
stockknopf (hier richtiger Stosstheil genannt) muss für
Spitzgeschosse konisch ausgesenkt sein.

Was die Platzkugel betrifft, so ist zu bemerken,
dass die mit ihr nur einigermaassen an edlen Theilen
getroffenen Creaturen in Folge der colossalen Verwundung in der Regel an Davonlaufen nicht mehr
denken. Die stärksten Hirsche und Sauen stürzen im
Feuer zusammen und man kann sie für derartige
Jagden wohl verwenden. Zum Birschen auf Rehböcke
genügt ein einfaches Spitz- oder Rundgeschoss vollständig, wenn nur das Caliber der Büchse die richtige
Weite hat und der Jäger mit einem guten Schweiss-
hund oder mit einem auf den Schweiss gearbeiteten
Dachs- oder Hühnerhund versehen ist. Die Platzkugelform muss äusserst genau und exact gearbeitet
sein; ist dies der Fall, dann ist der Schuss damit auf
die gewöhnlichen Distanzen ebenso sicher, wie mit der
massiven Kugel.

Ueber das Caliber der Jagdbüchsen ist schon viel
und häufig gestritten worden und doch ist die Sache
so einfach. Während man bei Scheiben- und Kriegs-
gewehren, um weite und rasante Flugbahnen zu ge-
winnen, das Caliber nicht zu stark macht — da es
ja auch im Gefechte mehr darauf ankommt, kampf-
unfähig zu machen, als zu tödten — ist für ein Jagd-

gewehr das starke Caliber eine Hauptsache. Das Caliber einer Jagdbüchse soll 13,7 bis höchstens 15 Ml. betragen; stärker soll es nicht sein, weil die Geschosse sonst zu schwer werden.[27])

Man gibt den Jagdbüchsen gewöhnlich 4—6 nicht zu tiefe Züge, die von der Mündung bis zur Kammer drei Viertel oder einen ganzen Umlauf beschreiben. Die Seele des Büchsenlaufes muss ganz kugelgleich sein und nur vor der Kammer einen sanften Fall haben.

Wer es will, kann übrigens aus ein und derselben Büchse Rund-, Spitz- und Platzgeschosse mit Plasterladung schiessen und je nach dem verschiedenen Jagdbetriebe verwenden. Ich bemerke jedoch hierbei, dass eine Büchse, die zur Kugel einvisirt war und nun mit einem Spitzgeschoss geladen werden soll, ein etwas höheres Visir bekommen muss, weil das Spitzgeschoss vermöge seiner Länge schwerer ist, als die Kugel.

§. 20.

Das *Anschiessen* der Büchsen hat den Zweck, die nöthige Pulverladung, sowie die richtige Stellung und Höhe des Kornes und Visirs zu ermitteln.

1) Das Anschiessen *der Büchsflinte*. Man hat hierzu zwei Scheiben nöthig, welche aus starker Pappe geschnitten 7 Dm. hoch und ebenso breit und mit weissem Papier überzogen sind. Auf der Mitte der ersten Scheibe werden in einem Abstand von 3 Cm. zwei parallellaufende 5 Cm. breite schwarze Streifen gezogen, so dass zwischen denselben also ein weisser Streifen von 3 Cm. Breite bleibt. Auf der Mitte der anderen Scheibe wird ein quadratförmiges Schwarze, genau so wie ich es auf Taf. IV, Fig. 4 in verkleinertem Maassstabe (¹/₅ der wirklichen Grösse) dargestellt habe, aufgeklebt.

Zuerst wird nun in einer Entfernung von 27,5 M. die Strichscheibe aufgestellt. Man lädt den gezogenen Lauf der Büchsflinten und thut aufgelegt[28]) 5 — 6

---

[27]) Bei Büchsflinten macht man den Schrotlauf im Cal. stärker, als den gezogenen. So kann das Schrotlaufs 15,5 M betragen, wenn der Büchsenlauf im Cal. 13 — 14 Ml. stark ist.

[28]) Die Büchse wird auf einen in den Scheibenpfahl eingeschraubten Nagelbohrer oder Zapfen frei aufgelegt; noch besser ist es, wenn man sich beim Einschiessen von Büchsen untergelegter Sandsäcke bedient, in welche man die Büchse eindrückt; nie stemme man die Büchse aber fest gegen die Auflage. Je fester man beim aufgelegten Schiessen die Büchse gegen die Auflage andrückt, um so heftiger wird der Rückstoss und dieser wirkt nachtheilig auf den feinen Schuss.

Schüsse, indem man mit gestrichenem[29]) Korn in den weissen Mittelstreif zielt, auf die Scheibe. Sieht man die Geschosse alle in dem weissen Strich (ob sie hoch oder tief sitzen ist einerlei; Dies geht uns vorerst nichts an) so steht Korn und Visir in der richtigen Linie. Sitzen sie aber alle auf der einen Seite im schwarzen Strich, so muss, wenn die Abweichung nach der rechten Seite statt fand, das Visir ein wenig nach links und wenn die Abweichung bedeutend ist, das Korn auch noch rechts gerückt werden, bis nach weiteren Versuchen die richtige Stellung gefunden ist. Zeigte die Büchse eine Linksabweichung, so verfährt man ebenso in umgekehrter Weise. Sitzen aber die Geschosse auf der Scheibe unregelmässig verstreut, so hält, vorausgesetzt, dass ein geübter und fester Schütze, denn nur ein solcher kann eine Büchse anschiessen, aufgelegt geschossen hat, die Büchse nicht Schuss (Linie oder Kugel), sondern flattert, wie man sagt und muss in die Büchsenmacherwerkstätte, wo durch Frischen (erneutes Ziehen) oder Ausschmergeln der Züge die Fehler gehoben wird.

Ist nun die Büchse auf den Strich eingeschossen, so muss sie auf die richtige Höhe eingeschossen werden.

Zu dem Ende wird die zweite Scheibe, so dass der weisse Streif im Schwarzen unterwärts gekehrt ist, auf 55 M. = 80 Schritte Entfernung aufgestellt und indem mit gestrichenem Korn genau auf den kleinen schwarzen Mittelfleck, (den wir den Punkt a nennen wollen) gezielt wird, beschossen. Schiesst die Büchse zu tief, d. h. treffen die Geschosse die Scheibe unter a, so muss an dem Korn abgenommen werden und wenn das nicht zureicht, das Visir durch Unterlegen eines Eisenplättchens erhöht, oder ein anderes höheres Visir eingeschossen werden. Zeigt sich die Geschosse über a, so wird das Visir etwas abgefeilt und die Kimme wieder tiefer eingestrichen, oder ein höheres Korn aufgesetzt[30]) und hiermit so lange fortgefahren,

---

[29]) Gestrichenes Korn nehmen, heisst so visiren, dass dem Auge der obere Rand des Kornes in der Visirkimme mit dem Visirrand in einer Horizontallinie liegend erscheint. Beim Visiren hat man sich in Acht zu nehmen, dass man die Büchse nicht verdreht, so dass beim Anschlage die obere Fläche des Visirs auf der einen Seite etwas höher steht, als auf der anderen; verdreht man die Büchse nach links, so weicht das Geschoss links von der Ziellinie ab und umgekehrt nach der rechten Seite. Visir und Laufschiene müssen beim Anschlagen ganz horizontal liegen. Selbstverständlich wird beim Anschiessen der Büchsen das Stechschloss benutzt.

[30]) Schiesst die Büchse zu hoch, so breche man nicht an dem Pulver ab, weil eine Jagdbüchse viel Pulver schiessen soll, damit

bis man jedesmal den Punkt a trifft, oder doch die Geschosse in einer Zirkelrunde von höchstens 1 Dm. im Durchmesser dicht um denselben herumsitzen. Dann ist die Büchse gehörig eingeschossen und nun werden Korn und Visir durch Marken (Meiselhiebe) auf den Plättchen, auf welchen sie stehen, eingezeichnet.

Es sind hauptsächlich zwei Umstände, welche dem Geschosse in seinem Fluge hemmend entgegentreten, nämlich der *Luftwiderstand* und die *Anziehungskraft* der Erde. Letztere ist so stark, dass jedes Geschoss, ausgenommen wenn es in genau senkrechter Richtung in die Höhe geschleudert wird, sinken muss, sobald es den Lauf verlässt. Man kann sich hiervon überzeugen, wenn man mit einer Büchse, von der man das Visir abgenommen hat, nach der Scheibe schiesst. Man wird, wenn man auch noch so viel Pulver zum Laden nimmt, das Geschoss kaum bis auf 34 M. auf den Fleck bringen. Desswegen muss das Visir höher sein als das Korn, hierdurch wird der Lauf vorn gehoben, man hält also über den bezielten Punkt und das Geschoss geht in einem Bogen nach dem Ziel. Diesen Bogen möglichst abzuflachen, ist bei den Jagdbüchsen Hauptsache. Desswegen soll das Visir möglichst flach, die Pulverladung möglichst stark und die Büchse auf 55 M. Entfernung eingeschossen sein. Ist Letzteres der Fall, so kann man auch auf 20 oder 30 M. auf den Fleck halten und treffen, da in diesem Falle die Scheitelhöhe der Geschossflugbahn nur 1—2 Cm. über der Visirlinie liegt, was auf der Jagd nichts ausmacht und die Büchse trägt ebenso das Geschoss mit derselben Visirung bis auf 70 und 80 M.

Die weitesten Schussentfernungen beim Birschen sind 55, höchstens 70 M., ohne Noth wird kein braver Jäger weiter nach einem Stück Wild schiessen, da Dies weiter nichts als häufiges Fehlen und zu Holzeschiessen zur Folge hat. Ein zweites höheres Visir zum Aufklappen ist desswegen auf einer Jagdbüchse ein höchst unnützes Ding.

Ist eine Büchse von einem unverständigen Büchsenmacher auf 80 oder gar 90 M. eingeschossen, so ist die höchste Erhebung über die Visirlinie so bedeutend, dass der Jäger, wenn er auf 30 M. nach einem Rehbock schiesst, darüber wegschiesst oder ihm höchstens den Rücken streift; Abschätzen der Entfernung und

darnach berechnetes mehr oder weniger Darunterhalten ist aber auf der Jagd, wo zuweilen sehr rasch geschossen werden muss, eine üble Sache und in vielen Fällen geradezu unmöglich.

Ist man mit dem Büchsenlauf im Reinen, so wird das Anschiessen des Schrotlaufes in derselben Weise vorgenommen, wie es in §. 16 mit der Doppelflinte gelehrt worden ist. Der Schrotlauf muss so gerichtet sein, dass er mit gestrichenem Korn das Schrot in die Mitte des Zielbogens und nicht zu hoch oder seitwärts wirft. Ausserdem muss er, da die Büchsflinte im Nothfalle auch als Doppelbüchse gebraucht wird, die Kugel wenigstens auf 30—35 M. ziemlich genau auf den Fleck schiessen. Man kann ihn zu diesem Zweck auf zweierlei Art laden. a) Die Kugel wird mit mässigem Spielraum, wie eine Büchsenkugel eingepflastert. b) Man nimmt die in §. 17 beschriebene Patrone und setzt statt des Schrots die Kugel über dem Spiegel, dessen Höhlung hierzu weniger tief sein kann, ein und bindet die Patrone mit starkem Bindfaden fest zu. Man verfährt dabei folgendermaassen: Nachdem Pulver und Spiegel in die Hülse gebracht worden, wird die Kugel mit dem Ladeholz fest in die Spiegelhöhlung gedrückt und die Hülse zuerst vermittelst eines 6 Ml. vor der Kugel um dieselbe geschlungenen Bindfadens, der an einem Tisch oder sonst wo befestigt ist, zusammengeschnürt (gewürgt); hierbei wird (s. die Fig. 3 auf Taf. V) der Zeigefinger der rechten Hand, die den Bindfaden hält und anzieht, zur Verhütung des Vorgleitens desselben, in die Patronenhülse gesteckt. Ist die Hülse auf diese Weise zusammengeschnürt, so wird sie fest zugebunden und der überstehende Papierrand 6 Ml. über der gebundenen Stelle abgeschnitten und umgelegt. Damit die Trennung zwischen Spiegel und Kugel eines 6 Ml. vor dem Lauf begünstigt wird, nimmt man zu diesen Hülsen feines Papier. Die Kugelpatrone ist auf Taf. III., Fig. 13. im Durchschnitt gezeichnet.

In beiden Fällen bleibt die Pulverladung dieselbe, wie die für den Schrotschuss; man schiesst auf beide Manieren ziemlich sicher. Nie lasse man aber eine oder gar zwei aufeinandergedrehte Kugeln in den Lauf rollen. Die unmittelbare Reibung schadet demselben, wenn gleich ein Büchsflintenschrotlauf auch gewöhnlich stärker im Eisen ist, wie die Läufe von Doppelflinten.

Mit 2) dem *Anschiessen der Doppelbüchsen* wird gerade so verfahren, wie bei dem gezogenen Lauf der Büchsflinte. Beide Rohre müssen die Geschosse genau auf denselben Fleck schiessen.

---

das Geschoss möglichst rasch das Ziel erreicht. An dem Korn kann man abnehmen, wenn es dadurch nicht zu hoch wird; es soll für die Regel nicht höher und nicht niedriger, als 2,5 Ml. sein, in anderen Fällen müssen also am Visir Veränderungen vorgenommen werden.

Sind nun die Läufe von Büchsflinten und Doppelbüchsen richtig zusammengelöthet, so ist das Einschiessen eine leichte Sache. Ist ersteres aber nicht
der Fall, so hat es Schwierigkeiten, die jedoch, wenn
der Fehler nicht bedeutend ist, durch innere Bearbeitung gehoben werden können. Ist aber der Fehler
bedeutend, so dass das eine Rohr Seitenabweichungen
des Geschosses auf die rechte, das andere auf die
linke Seite zeigt, so müssen die Rohre getrennt und
besser zusammengelöthet werden, was immer eine
missliche Arbeit ist.

Es ist kein gutes Zeichen für exacte Bearbeitung
der Läufe, wenn das eine Absehen rechts, das andere
mehr links in der Schiene steht. Bei gut zusammen-
gelötheten und eingeschossenen Läufen soll Korn und
Visirkimme genau in der Mitte der Laufschiene stehen.

Ein bestimmtes Verhältniss der Ladung lässt sich
für Büchsen nicht angeben. Je nach der mehr oder
weniger starken Windung der Züge, der Tiefe derselben, der Form des Geschosses und der Ladeweise
schwankt das Verhältniss des Pulvers zum Geschoss
zwischen 1:5 bis 1:7. Regel ist, einer Jagdbüchse
so viel Pulver zu geben, als sie, ohne zu stossen,
vertragen kann, damit das Geschoss recht eilt und die
Flugbahn eine ganz rasante ist.

§. 21.

Um Jagdgewehre im Stand zu halten, ist gute
Behandlung und eine häufige *Reinigung* derselben nöthig.

Nach beendeter Jagd und Tags darauf werden
alle Eisentheile des Gewehres mit einem sauberen mit
Oel getränkten leinenen Lappen abgerieben, besonders
die Schwanzschrauben, Pistons und Schlösser, weil sich
an diesen Theilen durch das Schiessen der meiste
Schmutz ansetzt; man überfährt dieselben am besten
zuerst mit der Putzbürste. Zum Reinigen der Piston-
schnecke und Hahnenmäuler wird ein hörnernes Putzstäbchen, dessen gespitztes und abgeflachtes Ende mit
dem Oellappen umwickelt wird, benutzt. Wenn die
Eisentheile gut gehärtet sind und man jedesmal auf
diese Weise verfährt, hat man das Verrosten nicht zu
befürchten; versäumt man aber das Putzen, so bilden
sich Rostflecken, die sich mit der Zeit immer tiefer
einfressen und nicht mehr wegzubringen sind, als durch
neues Einsetzen und Härten.[31]) Auch der Schaft soll

jedesmal mit dem Oellappen abgerieben werden, doch
nicht so, dass auf seiner Oberfläche Oel stehen bleibt,
weil er dann, indem sich bald Staub darauf setzt,
schmutzig aussehen wird. Man reibe das Oel jedesmal
von Eisen und Holz so viel wie möglich wieder ab.
Der Tragriemen muss ebenfalls, namentlich an seinen
Bugstellen in den Riemenbügeln von Zeit zu Zeit geölt
werden.

Ist das Gewehr längere Zeit gebraucht, so wird
die innere Reinigung der Läufe nöthig. Zu dem Ende
werden dieselben, nachdem man den Tragriemen abgenommen, den Ladestock ausgezogen und den Schieber
mit einem Schraubenzieher zurückgedrückt hat, aus
dem Schafte genommen und mit dem Pistonzieher die
beiden Pistons herausgeschraubt. Die Läufe werden
dann mit dem unteren Ende in ein Gefäss mit heissem
Wasser gestellt und mit dem Putzstock, dessen ge-
kerbter Theil mit Werg umwickelt wird, so lange
ausgepumpt, bis aller Pulverschleim losgeweicht und
entfernt ist. Man erneuert das Wasser hierbei zwei-
bis dreimal, ebenso das Werg des Putzstockes. Die
Läufe sind erst dann sauber, wenn der Wergwischer
keinen Schmutz mehr losreibt und das Wasser ganz
hell wird. Dann wird das nasse Werg von dem
Putzstock entfernt (oder ein anderer Putzstock genommen), derselbe mit trockenem Werg umwickelt
und die Rohre so lange ausgerieben, bis sie wieder
ganz trocken sind. Besonders bemerke ich hier, dass
man bei dem Trockenausreiben den Putzstock gleich
mit Werg so stark umwickle, dass er das Caliber
beinahe ausfüllt. Der Wergumschlag wird so lange
erneuert, bis man an ihm keine Spur mehr von
Feuchtigkeit, sondern einen eigenthümlichen Glanz
wahrnimmt, dann erst sind die Seelenwände vollkommen
trocken. Jetzt werden die Läufe äusserlich mit einem
leinenen Lappen trocken ab- und dann mit dem Oellappen eingerieben, die Pistonbohrung mit einer
trockenen Feder gesäubert und die Pistons, nachdem
man ihr Schraubengewinde eingeölt hat, wieder eingeschraubt, aber so, dass sie fest aufsitzen; sonst hat
man das Herausfliegen derselben bei der Entzündung
des Schusses zu befürchten. Ueber das Wiedereinlegen
der Läufe in den Schaft halte ich es nicht für nöthig
etwas zu sagen.

Abzüge, Garnitur und Schlösser braucht man,
namentlich wenn letztere gut in das Holz des Schaftes
eingelegt sind, für gewöhnlich nicht abzunehmen. Hat
man bei Regen- oder Schneewetter gejagt, so schraube

---

31) Sollten sich irgendwo kleine Rostflecken gebildet haben, so
versuche man sie mit Oel und dem Putzstäbchen abzureiben; nie
wende man aber hierzu Schmirgel oder gar feinen Sand an, weil die
so behandelten Stellen für Rostansatz sehr empfänglich werden.

man zur Vorsicht die Schlösser ab und entferne die allenfalls eingedrungene Nässe oder den Schmutz sorgfältig. Nur etwa jedes Jahr einmal[32]) muss das Gewehr ganz auseinander genommen, auch die Schlösser in ihre einzelnen Theile zerlegt und gründlich untersucht und gereinigt werden. Man überlässt nun dieses Geschäft am besten dem Büchsenmacher. Doch muss es jeder Jäger auch selbst besorgen können, da er möglicher Weise an einem Orte wohnt, wo überhaupt kein solcher ist oder es, wie Dies seither z. B. in unserer Stadt der Fall war, an einem reellen Büchsenmacher fehlt. Das Schloss wird auf folgende Weise gereinigt: Nachdem es vom Schafte abgenommen und der Hahn ganz niedergelassen ist, wird zuerst die Schlagfeder durch Einspannen in den Federhaken so stark zusammengedrückt, dass sie sich aus der Schlossplatte ausheben lässt. Dann schraubt man die Stangenfeder, die Stange, die Studel, die Nuss und den Hahnen und endlich die Sicherheit und die Sicherheitsfeder ab. Nun werden alle Theile mit einem recht reinen Lappen abgerieben, die Vertiefungen für Zapfen und die Schraubenmuttern ausgefedert. Haben sich kleine Rostflecken gebildet, so werden sie mit dem Putzholz, auf welches man Oel und ganz wenig sehr feinen Schmirgel streicht, weggebracht; allerdings soll auch an den Schlosstheilen der Gebrauch des Schmirgels beim Putzen möglichst vermieden werden, weil hierdurch der durch das Einsetzen entstandene harte Ueberzug mehr oder weniger abgerieben wird, aber es ist doch besser, die Rostflecken an den Schlosstheilen abzureiben, als sie stehen zu lassen, weil sie leicht tiefer und grösser werden. Wären die Schlosstheile stark von Rost angefressen, was aber nur bei einer sehr grossen Vernachlässigung stattfinden kann, so muss der Büchsenmacher durch neues Einsetzen und Härten das Schloss wieder in ordentlichen Stand setzen. Beim Wiederzusammensetzen des Schlosses wird in umgekehrter Ordnung verfahren und zuerst die Nuss und der Hahnen, dann die Studel, die Stange und Stangenfeder angeschraubt und zuletzt wieder die Schlagfeder eingesetzt. Alle Schrauben müssen eingeölt und fest angezogen werden; ein Verwechseln derselben darf nicht stattfinden. Die Reibungsstellen, nämlich die an der Schlossplatte anstreichenden Seiten der Schlag- und Stangenfeder, die obere und untere Fläche der Nuss, die Stange und die Kette werden, aber nur ganz wenig, mit dem reinsten Oele bestrichen.

Büchsflinten und Doppelbüchsen werden auf dieselbe Weise behandelt und gereinigt wie die Flinten, nur wird jeder gezogene Lauf, nachdem er ausgeputzt worden, mit einem ölgetränkten das Caliber ganz ausfüllenden Wergwischer[33]) eingerieben. Dies letztere thue man auch jedesmal, wenn man von der Jagd nach Hause kommt und das Gewehr geladen bleibt. Die gezogenen Rohre erfordern in dieser Hinsicht eine sehr sorgfältige Behandlung, sie müssen auch öfter ausgewaschen werden als glatte Läufe und dürfen nicht so lange geladen bleiben, wie letztere. Ein Büchsenlauf soll gereinigt werden, wenn 12—15 Schüsse aus demselben geschehen sind, während man aus einem Flintenrohr die doppelte Anzahl von Schüssen thun kann, ehe die Reinigung nöthig wird. Wie bei den Flinten zeitweise die Schlösser ganz auseinander genommen werden, so ist Dies bei den Büchsflinten und Doppelbüchsen auch mit dem Stechschlosse der Fall, welches dann ebenfalls ganz zerlegt und vorsichtig geputzt wird. Auch diese Arbeit überlässt man am besten dem Büchsenmacher.

Man sieht zuweilen Jäger, die auf der Jagd selbst einen Putzlappen nachführen und nach jedem Schuss das Gewehr abwischen. Dies ist sehr überflüssig und unnütz. Auch fahre man nie beim Nachhausekommen mit einem trockenen oder geölten Putzstock in ein Flintenrohr; es ist eine ganz verlorene Mühe, weil das Rohr dadurch doch nicht rein wird. Im ersteren Falle schiebt man den Pulverschleim eben bis auf die Ladung, wo er sitzen bleibt, und im zweiten Falle verunreinigt man das Gewehr erst recht. Flintenrohre lasse man ruhig im Pulverschleim hängen, bis die nasse Auswaschung vorgenommen wird.[34]) Ist Dies dagegen geschehen und soll die Flinte nächstdem nicht gebraucht, sondern hingehängt werden, so ist es gut, die Seele des Laufes mit Oel, doch nicht zu stark, einzureiben. Dass Oel in der Seele eines Flintenrohrs nachtheilig auf den Schuss wirke, (eine unter den Jägern vielverbreitete Ansicht) ist unrichtig. Wenn man das Rohr allerdings sehr stark einölt und nachher öfter daraus

32) Durch zu häufiges Ausdrehen leiden die Schraubengewinde Noth; besonders zu vermeiden ist das Ausdrehen der Hahnenschraube, weil sie sich sonst allzuleicht lockert und bei der geringsten Veranlassung, z. B. beim Durchgehen durch eine Dickung, von selbst aufschraubt, somit den Verlust des Hahnen herbeiführen kann.

33) Nie bediene man sich hierzu eines (in dem Lauf gegossenen) Bleiwischers.

34) Ueber den nachtheiligen Gebrauch von Sand etc. beim Ausputzen von Flinten habe ich mich bereits im §. 16 ausgesprochen.

4*

schiesst, so wird sich im Laufe viel Schmutz bilden, welcher natürlich, wie Pulverschleim überhaupt, die Wirkung des Schusses beeinträchtigt.

Zu Hause müssen die Gewehre in einem trockenen, im Winter geheizten Zimmer aufbewahrt werden. In einem Gewehrschrank sind sie am besten vor Staub geschützt, doch müssen sie immer hinein gehängt und nicht auf den Kolben gestellt werden, weil der Schaft hierdurch, namentlich wenn das Gewehr neu geschaftet und der Büchsenmacher nicht ganz trockenes Holz genommen hat, windschief werden kann.

§. 22.

Zur Ladung der Percussionsgewehre hat man, wenn man sich nicht fertiger Patronen bedient, *Pulverbehälter* nöthig. Früherhin führten die Jäger solche von Horn oder Blech in der Jagdtasche nach und schütteten aus denselben das Pulver zu jedem Schuss in das ebenfalls mitgeführte Lademaass. Dies ist eine sehr umständliche und zeitraubende Lademanier und man bedient sich daher jetzt allgemein der Pulverhörner mit Mechanik, an welchen selbst das Lademaass angebracht ist und vermöge deren man rascher und bequemer laden kann. Es gibt von solchen Pulverhörnern verschiedene Sorten. Das beste und jetzt auch am häufigsten gebrauchte ist das auf Taf. IV., Fig. 1 und 2 abgebildete (das Stück kostet 1 Thlr. 10 Sgr.). Der Verschluss zwischen Lademaass und Horn wird durch den zwischen zwei Platten a und b (Fig. 2) liegenden Schieber c bewirkt. Hierdurch ist es unmöglich, Pulver zu verlieren, wie Dies bei anders construirten Pulverhörnern oft der Fall ist. Durch Druck auf den äusseren Theil d des Schiebers öffnet sich der Boden des Lademaasses, welches aus zwei ineinander geschachtelten Cylindern besteht und gradweise verstellbar ist. Das Horn soll durchsichtig sein, damit man sehen kann, wie viel Pulver darin ist. Wenn es leer geworden ist und wieder gefüllt werden soll, schraubt man die Mechanikplatte ab; auch das Lademaass selbst kann man aus der Platte schrauben, doch vermeide man Dies, da es, eine Reparatur ausgenommen, unnöthig ist, wo möglich ganz, sonst wird die Schraube leicht lahm und man kann das Maass verlieren. Der Tragriemen wird durch zwei Ringe, die am Horne eingeschraubt sind, gezogen und so um das Horn geschlungen, wie es auf Taf. IV., Fig. 7. dargestellt ist. Zur Ladung von Büchsen, die man mit Patronen nicht gut laden kann, gebrauche man immer ein solches Pulverhorn; wenn man das Horn beim

Füllen des Maasses rüttelt, erhält man stets genau dieselbe Pulverquantität.

Zuweilen kommt es vor, dass sich ein Piston verstopft. Zum Aufräumen desselben hat man das auf Taf. IV., Fig. 3. abgebildete Maschinchen nöthig. Dieses Maschinchen, in dessen Deckel a eine Raumnadel befestigt ist, wird mit Pulver gefüllt. Beim Gebrauche schraubt man den Deckel ab und stösst oder drückt die Nadel einigemal in die Pistonbohrung. Dann schraubt man den Deckel wieder ein, setzt das Maschinchen mit dem Trichter b auf den Piston und drückt dabei von oben auf den Deckel, wodurch das Loch c geöffnet wird und das Pulver durch den Trichter in den Piston läuft (ein solches Maschinchen kostet ca. 14 Sgr.). Wäre aber der Piston stark verstopft, so dass Kupfertheile des Hütchens in der Bohrung stecken, so schraubt man ihn mit dem *Pistonzieher* heraus; man kann dann die Raumnadel von beiden Seiten wirken lassen. Der Pistonzieher muss dreischenklig so gearbeitet sein, wie er auf Taf. IV., Fig. 5. in etwas verkleinertem Maassstabe abgebildet ist. Schenkel a ist der eigentliche Pistonzieher, Schenkel b ein Schraubenzieher und im Schenkel c ist ebenfalls eine Raumnadel eingeschraubt (von diesen Pistonziehern kostet das Stück 20 Sgr.). Die Raumnadeln müssen möglichst stark, aber nicht gehärtet sein, weil sie sonst zu leicht abbrechen.

Auch *Schrotbehälter* hat der Jäger, der keine Patronen schiesst, nöthig. Es sind gewöhnlich lederne Beutel, die umgehängt werden können und an denen ein Maass mit Mechanik befindlich ist. Es gibt zwar einige Sorten, die man zur Noth gebrauchen kann, aber im Ganzen sind alle schlecht, da sie die Schrotladung nie genau angeben. Besser ist es, das Schrot in Blechhülsen, die etwa 9 Cm. lang sind und 1.5 Cm. Durchmesser und in der Mitte eine Scheidewand haben, nachzuführen. Man schüttet das abgemessene Schrot in dieselben und verschliesst sie mit Korkpfropfen. Aus diesen Hülsen, welche in ledernen Futteralen des Ranzens oder in Patronentaschen, wie Patronen nachgeführt werden, lädt man schneller und bequemer wie aus Schrotbeuteln.

Zündhütchen (Zündkapseln) werden seit langer Zeit von der Fabrik Dreyse und Collenbusch in vorzüglicher Qualität angefertigt. Die glatte Sorte ist der gerieften vorzuziehen. Das dünne Kupfer der ersteren umschliesst beim Aufsetzen und Andrücken durch den Hahnen den Piston fest, so dass Feuchtigkeit nicht leicht eindringen kann, während die gerieften Hütchen statt fest anzuschliessen leicht springen und der Feuchtigkeit Einlass gewähren. Das Schächtelchen von diesen Hütchen (500 Stück enthaltend) kostet ca. 10 Sgr. Zündhütchen in dem Jagdranzen oder in der Westentasche nachzuführen, ist unpractisch. Hierzu eignet sich am besten der lederne sog. *Zündhütchenorden* (Taf. IV., Fig. 6), der auf beiden Seiten je 20, zusammen also 40 Stück Zündhütchen aufnehmen kann. (Ein Zündhütchenorden kostet etwa 7 Sgr.) Vermittelst dessen kann man die Hütchen auch bei sehr kaltem Wetter ganz bequem aufsetzen.

Zündhütchenorden, Pistonzieher und Füllmaschinchen, die der Jäger immer nachführen soll, werden mit ledernen Riemen an der Jagdtasche befestigt.

Die verschiedenen Materialien, welche man zu *Pfropfen* für Percussionsgewehre verwandt hat, als Werg, Kälberhaare, getrocknetes Moos, Baumwolle, Zeitungspapier etc. taugen alle nicht viel, weil sie theilweise zu leicht entzündlich und durchgängig zu weich sind, um den Pulvergasen den nöthigen Widerstand zu leisten. Auch die grauen Patentpapp-Propfen, die neuerdings in mehreren Fabriken angefertigt werden, sind nicht viel werth. Denn diese zu harten Pfropfen schliessen, so lange der Lauf sauber ist, nicht gehörig und lassen die Pulvergase theilweise entschlüpfen, später aber, wenn das Gewehr Pulverschleim angesetzt hat, lassen sie sich (eben wegen ihrer Härte) zu schwer mit dem Ladestock hinunterstossen. Ebenso schlecht sind die meist zu dünnen französischen Patentfilz-Pfropfen.

Die allerbesten Pfropfen zur gewöhnlichen losen Ladung des Percussions-Gewehres sind die aus *Filz* verfertigten. Man nimmt hierzu harten gewalkten Filz (der sonst gewöhnlich zur Einlage in Stiefeln, zu Pantoffeln, Hüten etc. gebraucht wird), für Flinten weiteren Calibers muss er 1.3 Cm., für solche von engem und mittlerem Caliber 1 Cm. stark sein und schlägt die Pfropfen vermittelst des *Pfropfenschlägers* (Locheisen, Filzschläger) und eines hölzernen Hammers. Der Pfropfenschläger, ein hohler Cylinder, gewöhnlich aus Abschnitten von alten Commissläufen verfertigt, ist an dem einen Ende verstählt und geschärft, am anderen Ende aber, welches den Schlag des Hammers aufnimmt, stärker und weiter, damit die geschlagenen Pfropfen besser heraufrücken und leichter herausfallen. Das Locheisen muss im Durchmesser um 1 Ml. stärker sein, als das Caliber der betreffenden Flinte, damit die Pfropfen im

Gewehrlauf recht fest schliessen. Beim Schlagen derselben wird unter den Filz ein hartes Stirnholz (am besten Hainbuche) unterlegt. Diese Filzpfropfen verdienen desshalb vor allen anderen den Vorzug, weil sie im Gewehrlauf, besonders da der Pulverpfropf durch den Stoss der gespannten Gase aufgebläht wird, gut schliessen und sich immer eben und egal aufsetzen.[35]) Die Filzpfropfen verfertigt man ausserdem auch leichter, als z. B. Papierpfropfen, deren Herstellung viel mehr Zeit und Mühe in Anspruch nimmt; man erhält den Filz wohlfeilen Kaufes bei allen Hutmachern.[36])

Wem nun das Pfropfenschlagen dennoch lästig ist, und wer statt Filz Papierpfropfen brauchen will, der muss dieselben wenigstens zu Hause[37]) aus weichem Papier und immer gleichstark machen und vorsichtig laden, damit sie sich möglichst gleichmässig aufsetzen und namentlich der Schrotpfropf das Schrot eben bedeckt, nicht aber sich in dasselbe einwühlt und es in eine unregelmässige Lage bringt; gut sind Papierpfropfen eben nicht.

B. Hinterladungs-Gewehre.

II. Capitel.

§. 23.

Hinterladungs-Gewehre sind solche, bei denen die Ladung von hinten, also durch die Kammer (in Gestalt einer präparirten und geladenen Patrone) in den Lauf gebracht wird.

§. 24.

Schon vor vielen Jahren hatte man wohl eingesehen, dass Hinterladungs-Gewehre in Folge der grossen Schnelligkeit des Ladens, als Militärwaffen ein bedeutendes Uebergewicht über die bisher gebräuchlichen von oben zu ladenden Gewehre ausüben würden und hin und wieder den Versuch gemacht, solche anzufertigen. Da sich aber bei der Ausführung,

---

[35]) Die Engländer ölen die Filzpfropfen; nicht geölte Pfropfen sind aber besser. Manche Jäger versehen die Pfropfen vor dem Laden mit Einschnitten, welche den Zweck haben sollen, die comprimirte Luft durchzulassen; auch Dies ist ganz unnöthig.

[36]) Aus einem Stück Filz, welches 5 Sgr kostet, kann man 250—300 Pfropfen schlagen; in einer Stunde etwa 300—400 Stück.

[37]) Beim Laden müssen Papierpfropfen, wenn sie in der Jagdtasche zerdrückt worden sind, wieder aufgelockert und neu geformt werden. Blos Papier im Ranzen nachzuführen und Dies nachher, wenn geladen werden muss, in der Eile zu einem Pfropfen zusammen zu knäulen, taugt ebenso wenig, wie die Ladung *aus der Hand* überhaupt. Dies wird wohl jeder vernünftige Jäger einsehen, vielleicht ausgenommen der zum Jäger gestempelte *Metzger* oder *Schneider*.

namentlich bei Anfertigung des beweglichen Verschlusses, Schwierigkeiten entgegenstellten, unterblieben die Versuche wieder und die Armeen der meisten Staaten behielten die gezogenen Vorderladungswaffen.

Preussen eröffnete zuerst den Reigen, indem es das von dem nun vor Kurzem verstorbenen Geheimen Kommissions-Rath Nicolaus von Dreyse in Sömmerda erfundene Hinterladungs-Zündnadelgewehr im Jahr 1841 als Universalwaffe adoptirte und nach und nach seine ganze Armee damit bewaffnete.

Es fanden nun seit Einführung des preussischen Zündnadel-Gewehres grössere Feldzüge allerdings nicht statt; doch hätten durch die kleineren Kriege in Schleswig und Baden im Jahre 49 und namentlich durch den neuen dänischen Krieg in Schleswig, die Vorzüge des Hinterladungs - Gewehres wenigstens einigermaassen hervortreten müssen. Aber merkwürdiger Weise hörte man nur wenig über die Zündnadel-Gewehre und in den Armeen der übrigen Staaten, blieb das Vorderladungs-Gewehr nach wie vor. Erst durch die Erfolge des grossen Krieges vom Sommer 1866 wurde der taktische Werth der Hinterladungswaffe vollständig erkannt und nirgends zögert man jetzt noch mit Annahme der Hinterlader als Kriegswaffe.

Frankreich, England, Russland und alle deutschen Staaten sind im Augenblick damit beschäftigt, so rasch als möglich neue Hinterladungs - Gewehre zu beschaffen oder die alten Vorderladungswaffen in solche umzuwandeln. Ueberall hört man von neuen Erfindungen und die Zahl der verschiedenen Hinterladungssysteme wächst von Tag zu Tage. Jeder Staat will etwas besseres und Neues, womöglich ein eignes System und so ist die Zeit gekommen, dass das Vorlerladungs-Gewehr als Kriegswaffe als ein überwundener Standpunkt zu betrachten ist und bald ganz verschwinden wird.

Dieser Umschwung nun, welcher für die Geschichte der Kriegswaffen so epochemachend war, konnte begreiflicher Weise auch auf die Jagdwaffen nicht ohne Einfluss bleiben. Ja sogar geraume Zeit ehe der Vortheil der neuen Waffen für den Kriegsgebrauch allgemein anerkannt wurde, konnte man in den Händen der Jäger schon Hinterladungs-Gewehre antreffen. Es wird nun unsere Aufgabe sein, in den Folgenden die bis jetzt bei den Jagdwaffen in Anwendung gebrachten Systeme zu besprechen. Zuerst einiges Allgemeine.

Neumann[35]) theilt sehr passend die Hinterladungs-

35) S. d. Wesen der Hinterladungs - Gewehre S. 10.

Gewehre im Bezug auf das Wesen der Zündung in vier *Kategorien*, die er folgendermaassen beschreibt:

„Bei der *ersten* Kategorie hat man als Zündungsmittel dasjenige des Percussions-Gewehres beibehalten, nämlich das auf einem Piston stehende Zündhütchen, welches durch einen Schlag des Hahnen entzündet wird.

Bei der *zweiten* Kategorie wird die Zündung durch einen directen oder indirecten Schlag des Hahnen oder eines Stiftes oder Bolzens auf die Aussenseite der Patrone selbst, resp. auf die mit derselben zusammenhängende Zündmasse hervorgebracht.

Die *dritte* Kategorie umschliesst die Zündnadel-Gewehre mit horizontalem Nadelstoss, bei welchen die Zündung durch den horizontalen Stich oder Stoss einer Nadel in die Zündmasse der Patrone bewirkt wird.

Zur *vierten* Kategorie endlich gehören die Zündnadel-Gewehre mit senkrechtem Nadelstoss.‟

Dieser Eintheilung werde ich mich im Folgenden anschliessen.

Die Mechanik, d. h. die Vorrichtung, durch welche jedes Hinterladungs - Gewehr behufs des Ladens oder Entladens geöffnet oder verschlossen wird, nennt man die *Verschlussmechanik*; die Art und Weise aber, wie die Lauföffnung hermetisch verschlossen wird oder wenigstens verschlossen werden soll, die *Obturation*. Die Verschlussmechanik lässt sich auf die mannichfachste Weise herstellen, sogar bei einem und demselben Gewehrsystem auf die verschiedenste Art, ohne dass dadurch der Character des Systems geändert wird. Die Obturation aber ist nur auf drei Arten möglich, nämlich inwendige, auswendige und flache Obturation. Bei der *inwendigen* Obturation (Taf. V., Fig. 4) schiebt sich der Verschlusscylinder (das Laufhinterstück) in den Lauf. Bei der *auswendigen* (Taf. V., Fig. 5) schiebt sich der Lauf in den Verschlusscylinder, oder letzterer umgreift den Lauf. Bei der *flachen* Obturation (Taf. V., Fig. 6) wird der Verschluss durch ein an der Lauföffnung flach anliegendes Stück bewirkt.

Die bei einem jeden Schuss nach rückwärts in die Verschlussmechanik und die Schlossräume austretenden Gase und Dämpfe werden mit dem Namen *Crachement* bezeichnet.[36])

Es ist einleuchtend, dass durch die bewegliche Mechanik eines Hinterladungs-Gewehrs unmöglich alles Crachement vermieden werden kann, da dasselbe sogar in fest schliessende Schraubengewinde eindringt. Es kann aber nun ein zu grosses Crachement, abgesehen

36) Neumann, das Wesen der Hinterladungsgewehre S. 13.

davon, dass es die Mechanik zu bald verschmutzt, dem Schiessenden lästig, ja sogar den Augen desselben gefährlich werden und man muss dasselbe daher so viel als möglich verringern.

Bei der inwendigen und auswendigen Obturation stehen die Berührungsflächen des Verschlusscylinders unter dem directen Einfluss der Pulververschmutzung, da er bei seiner Vor- und Rückwärtsbewegung stets an den von der Explosion berührten Theilen vorbei muss. Ist nun der Schluss des Cylinders sehr genau gearbeitet, so wird durch häufiges Feuern der Pulverschmutz die Bewegung des Cylinders erschweren, ist aber der Verschluss weniger genau, so wird ein zu grosses Crachement entstehen.[40]) Dies letztere kann man nur durch künstliche Mittel beseitigen. Bei der flachen Obturation lässt sich das Crachement vermeiden durch Metallpatronen oder Patronen mit Metallansatz.

Die flache Obturation ist der der inwendigen und auswendigen vorzuziehen. Die letztere ist bei Doppelgewehren in der Construction schwierig; am meisten wird bei Doppelgewehren daher die inwendige und flache Obturation angewendet. Letztere ist für Jagdgewehre die geeignetste.

Nach diesen nothwendigen Vorerörterungen gehe ich nun zur Betrachtung der Hinterladungs-Systeme der verschiedenen Kategorien, welche bis jetzt als Jagdgewehre in Aufnahme gekommen sind, im Einzelnen über.

Erste Kategorie.

III. Capitel.

Das Schnelllade-Gewehr.

Die Verschlussmechanik des *Schnelllade-Gewehres* ist ähnlich construirt wie die eines Zündnadel-Jagdgewehres. Das Oeffnen der Läufe geschieht durch Hebelbewegung, wodurch sich die Läufe ein wenig vorwärts bewegen und niedersenken. Durch Rückführung des Hebels in die alte Lage wird nach dem Einführen der Patronen, die aus einer Papierhülse, welche Pulver und Blei umschliesst, bestehen, das Gewehr verschlossen. Hat man dann noch das Zündhütchen aufgesetzt und die Hahnen gespannt, ist das

Gewehr schussfertig. Die Entzündung des Schusses erfolgt durch den Feuerstrahl des Zündhütchens, welcher, der Leitung der Pistonbohrung folgend, durch die Papierhülse der Patrone hindurch in das Pulver eindringen muss. Die Obturation ist die inwendige; ein künstliches Mittel zur Verhütung des Crachements ist an der Patrone nicht angebracht und lässt sich auch, da dieselbe hinten (am Boden) entzündet wird, nicht gut anbringen. Die Folge ist ein unbehindertes Austreten von Dämpfen und Pulverrückständen in die Mechanik; die Pistonbohrung setzt sich durch fortgesetztes Schiessen voll Schleim, wodurch, namentlich bei feuchtem Wetter, der Schuss leicht versagt und eine häufige und mühevolle Reinigung nöthig wird.

Das Schnelllade-Gewehr wurde nur vereinzelt gebaut. Es ist in der That eine unpraktische Waffe und ist, wenn nicht bereits ganz verschwunden, gewiss nur noch selten in der Hand eines Jägers zu sehen, da demselben längst weit bessere und einfacher construirte Hinterladungsgewehre geboten sind.

Ausser dem Schnelllade-Gewehr sind noch viele andere Systeme von Hinterladern mit Piston bekannt geworden. An den meisten derselben wird die Patrone durch den Feuerstrahl des Hütchens in der Mitte der Pulversäule entzündet und zur Verhütung des Crachements hat man am hinteren Ende der Patrone einen Filzpfropfen angebracht, der durch den Rückstoss der Explosion auseinandergequetscht, das Eindringen der Dämpfe in die Mechanik verhüten soll.

Aber allen diesen Gewehren bleibt als Militär-Waffen der grosse Nachtheil des Zündhütchen-Aufsetzens und sie haben daher nirgends eine günstige Aufnahme gefunden. Ausser dem Schnelllade-Gewehr ist meines Wissens kein anderes System dieser Kategorie als Jagdgewehr eingeführt worden, da man bald die bedeutenden Vorzüge der Hinterladungs-Gewehre der nächsten Kategorie erkannte.

Zweite Kategorie.

IV. Capitel.

Das Lefaucheux-Gewehr.

§. 26.

Das *Lefaucheux*-Gewehr ist die Erfindung eines pariser Büchsenmachers Namens Lefaucheux und ist etwa seit 15 Jahren bekannt.

Um die Läufe zu öffnen, umfasst man das Gewehr (Taf. VI. Fig. 1 $\frac{1}{3}$ der wirklichen Grösse) mit

---

[40]) Ein Vorzug der auswendigen Obturation (die man an dem preussischen Militär-Zündnadelgewehr angewendet sieht) vor der inwendigen dürfte meines Erachtens noch der sein, dass durch den übergreifenden Rand des Verschlusscylinders (den Kammermund) austretende Dämpfe nach vorn geleitet werden, dem Schützen also nicht lästig werden können.

der rechten Hand am Kolbenhals und drückt mit der
linken den Hebel C so weit als möglich nach rechts,
wodurch sich (s. Fig. 2. Taf. VI) die Läufe bei a niedersenken (abklappen, aufwärts kippen) und das Einführen
der Patronen gestatten. Ist Dies geschehen, so werden die Läufe, indem man sie mit der linken Hand
vor dem Vorderschaft umfasst und vorn in die Höhe,
also auf die Unterlage niederdrückt und dann den
Hebel wieder in seine frühere Lage zurückführt, verschlossen. Nach dem Spannen der Hahnen ist alsdann
das Gewehr schussfertig.

Der Vorderschaft des Lefaucheux-Gewehres be-
steht aus drei Theilen, nämlich aus dem mit dem
Hinterschaft fest verbundenen Stück A, der *Bascule*,[11]
welche ganz aus Eisen gearbeitet ist, aus dem mit
Holz bekleideten eisernen vorderen Theile des Vorderschaftes, dem sog. *Schiffchen* B und dem eisernen mit
Holz oder am besten mit Horn bekleideten *Hebel* oder
Schlüssel C. Die Verschlussmechanik ist sehr einfach.
Im geschlossenen Zustande des Gewehres greift der
Ansatz des Hebels a (Fig. 3 auf Taf. VI) in die
Haken A A der Läufe (Fig. 4 auf Taf. VI) ein und
hält dieselben in der Bascule unbeweglich fest; wird
der Hebel nach rechts gedreht, so gleitet der Hebelansatz aus den Haken heraus, die Läufe werden frei
und senken sich. Beim Verschliessen der Läufe wird
das Eingreifen des Hebelansatzes in die Laufhaken
durch den zwischen denselben an den Läufen befestigten
Zapfen B (Taf. VI., Fig. 4), welcher dabei auf die
schief gefeilte Fläche c des Hebelansatzes drückt,
bewirkt. Die Obturation ist die flache, die hinteren
Lauföffnungen liegen bei b (Fig. 1 und 2) unmittelbar an der flachen Seite der Bascule an.

Da sich nun die flache Obturation auf die
verschiedenartigste Weise zu Stande bringen lässt,
und die Fabrikanten und Büchsenmacher seither
nicht müssig gewesen sind, Veränderungen an dem
Lefaucheux-Gewehre zu ersinnen, so sehen wir die
Verschlussmechanik desselben auf's mannichfachste
verändert. Bei der oben beschriebenen Art kann der
Hebel ebensowohl nach links oder nach rechts sich
bewegend angebracht werden. Dies ist ziemlich gleich-

gültig; manche Jäger haben es lieber, wenn sich der
Hebel nach links dreht. Dann gibt es Lefaucheux-
Gewehre, bei denen die Läufe durch einen Druck auf
den vorderen oder hinteren Theil des Abzugbügels
geöffnet werden; od r es liegt vor letzterem ein grosser
Abzug, auf welchen zum Zwecke des Lauföffnens gedrückt wird; auch gibt es solche, bei denen die
Druckfedern auf dem Halse des Schaftes oder noch
sonst wo liegen. Bei anderen bewegen sich, ähnlich
wie bei Zündnadel-Gewehren die Läufe in horizontaler
Richtung nach vornen oder nach der Seite.

Bei den ersten Lefaucheux-Gewehren war das
Schiffchen und der Hebel, also der gesammte Vorderschaft, ganz von Eisen gearbeitet. Bei diesen Gewehren,
die auch noch jetzt, wenn gleich nicht mehr häufig,
angefertigt werden, wird der Lauf nicht durch einen
Schieber, sondern durch einen Stift von der Unterlage
getrennt. Der ganz eiserne Vorderschaft ist zwar recht
dauerhaft und solide, aber dennoch unpractisch, weil
er im Winter zu sehr kältet.

Ich halte es nun nicht für nöthig, alle die verschiedenen Arten der Verschlussmechanik hier näher
zu beschreiben; es gibt deren gewiss jetzt schon, die
vielen kleinen Veränderungen mit eingerechnet, einige
Dutzend und werden, denn wir leben gerade in der
Zeitperiode der Erfindungen von Hinterladungswaffen,
immer fort noch neue construirt.

Welche Art von Verschlussmechanik ist aber nun
die beste?

Die Meinungen hierüber sind getheilt; jeder Fabrikant preist diejenige, welche er selber construirt
und fabricirt und der Jäger lobt gewöhnlich die, welche
an seinem Gewehre gerade angebracht ist. Die verbreitetsten Lefaucheux-Gewehre sind die mit Hebel
und die meisten derselben sind auch, trotz den öfter
an der Mechanik angebrachten Veränderungen, gut.
Für das beste, welches einfach und solid, dauerhaft
und zugleich am handlichsten construirt ist, halte ich
das oben beschriebene, das Gewehr also, an welchem
Schiffchen und Hebel mit Holz, resp. Horn bekleidet sind.

Die *Schlösser* des Lefaucheux-Gewehres sind die-
selben, wie die des Percussions-Gewehres, gewöhnlich
rückliegende. Nur hat der Hahn vorn am Kopf kein
Maul, sondern ist ganz flach; die Schlagfedern der
Schlösser müssen kräftiger sein, als bei Percussions-
Gewehren, weil der Hahn hier nicht direct auf das
Zündhütchen aufschlägt, sondern den Stift der Patrone
in dasselbe eintreiben muss. Eine besondere Sicher-

---

[11] Es wäre streng genommen A der *Mittelschaft* zu nennen, da
man unter Bascule eigentlich nur die *Scheibe* versteht. Da aber
Mittelschaft und Scheibe bei dem Lefaucheux-Gewehr und vielen
andern Hinterladungs-Gewehren aus einem Stück gearbeitet sind, so
werde ich diese beiden Theile im Folgenden der Kürze halber immer
mit Bascule bezeichnen.

heitsvorrichtung wird in der Regel an den Schlössern nicht gemacht und sie ist auch nicht nöthig; während der Jagd trägt man, wenn man gerade nicht schussfertig sein muss, das Gewehr mit „Hahn in Ruh" und nach deren Beendigung nimmt man die Patronen aus den Kammern.

Die *Patrone* (Taf. VI., Fig. 6) ist eine Hülse von Pappe, am hinteren Ende zur Verhütung des Crachements durch einen Messingansatz (Kappe) verschlossen; ein messingener Stift geht von oben durch die Kappe senkrecht in die Patrone hinein und steht in derselben in dem Zündhütchen. Beim Abdrücken schlägt der flache Kopf des Hahnen auf den Stift und treibt denselben in die Zündmasse des Hütchens hinein, wodurch die Explosion bewirkt wird. Wenn die Patronenhülse geladen ist, umschliesst dieselbe Zündsatz, Pulver und Blei und eine solche Patrone nennt man eine *Einheitspatrone*. Es gibt Patronenhülsen von verschiedener Qualität, solche, die man mehrmals, drei- bis viermal, brauchen kann und geringere Sorten, welche nur zwei oder einen Schuss aushalten. Um eine Hülse wieder zu brauchen, muss ein neues Zündhütchen in dieselbe eingesetzt werden. Diese Arbeit ist durch Einführung der kleinen Hütchen sehr erleichtert worden. Man zieht vermittelst einer Drahtzange den Stift aus der Hülse, setzt das Hütchen auf den zugespitzten Theil des Stiftes und schiebt nun den Stift sammt dem Hütchen wieder durch das Bohrloch der Kappe ein, wobei zu beachten ist, dass das Hütchen fest auf dem Lager aufsitzt und die richtige Stellung erhält. Obwohl nun viele Jäger, der Kostenersparniss halber, auf diese Weise verfahren, so ist es doch rathsamer, solche Patronenhülsen zu kaufen, welche nur einen Schuss aushalten und dann weggeworfen werden. Denn diese Hülsen sind bedeutend billiger, als solche erster Qualität. Wenn man also eine Hülse zwei- oder dreimal brauchen kann, die aber doppelt so viel kostet, als eine, welche man nur einmal braucht und dann wegwirft, so ist es doch practischer, die letztere Art zu wählen, da sie verhältnissmässig nicht mehr kostet und man die Mühe des Zündhütchen-Einsetzens erspart. Bei mehrmals gebrauchten Hülsen kommen auch Versager vor, da das Hütchen vielleicht nicht genau eingesetzt wurde oder das Zündhütchenlager schadhaft geworden ist; auch kann der Stift eine unmerkliche Biegung erhalten haben und der Hahn trifft denselben alsdann nicht im richtigen Winkel. Dazu lassen sich schon gebrauchte Patronen nicht mehr be-

quem in das Patronenlager einführen, weil sie durch die Pulvergase aufgebläht werden und in der Stärke dann mit dem Patronenlager nicht harmoniren. Eine noch ungebrauchte Hülse darf nicht zu viel Spielraum in der Kammer haben, sie muss sich leicht, aber doch saugend einführen lassen, weil sie sonst beim Schusse zu sehr zerreisst und sich dann schwer entfernen lässt. Sie muss ein gutes Zündhütchen enthalten, welches sich unfehlbar entzündet und soll nicht zu stark zerreissen, so dass sie noch bequem aus der Kammer gezogen werden kann.[42] Man bekommt jetzt schon fast in allen Städten Lefaucheux-Patronenhülsen zu kaufen und es ist vorauszusehen, dass dieselben in Folge der grossen Verbreitung des Gewehres immer noch billiger werden. Patronenhülsen von Kupfer, wie man sie auch schon gebraucht hat, sind zu theuer und zerplatzen doch schon nach dem vierten oder fünften Schuss. Um Versager zu vermeiden, sehe man darauf, dass der Hahn den Stift der Patrone im *rechten* Winkel treffe und das Stiftloch in den Läufen so weit ausgefeilt sei, dass die Stifte, ohne sich stark zu reiben, niedergehen können. Auch die Schlagfederkraft der Schlösser muss natürlich im hinreichenden Grade vorhanden sein. Die einfachste, billigste und beste Art, die Hülsen zu laden, ist die folgende: Auf das eingeschüttete Pulver wird ein Filzpfropfen (aus demselben Filze, der zu Percussionspfropfen verwendet wird) gesetzt; das Schrot deckt ebenfalls ein leichter Filzpfropfen und der überstehende Rand der Hülse wird eingezogen (d. h. nach innen umgebogen). Um in kurzer Zeit recht viele Patronenhülsen zu füllen, stellt man etwa 50—100 Stück in weiten Zwischenräumen auf einen Tisch und schüttet zuerst in alle nach der Reihe das Pulver, wobei man sich der früher beschriebenen Lademaasse mit Handhabe bedient; dann schiebt man mit einem gewöhnlichen flachen Ladeholz die Pulverpfropfen ein, schüttet dann wieder der Reihe nach das Schrot in die Hülsen, setzt den Schrotpfropfen darauf und zuletzt den Rand der Hülsen ein. Bei dem Füllen hat man sich nur in Acht zu nehmen, dass man keine Hülse umstösst, damit man das Pulver oder Schrot, so lange nämlich die Pfropfen noch nicht aufsitzen, nicht verschüttet. Der überstehende Hülsenrand der Schrotpatrone muss stets

---

[42] Es ist rathsam, bei der Jagdausübung stets ein Putzholz und einen Wischlappen nachzuführen, um die Kammer, wenn sie stark verschmutzt wäre, auszuputzen.

eingezogen werden, weil der Schrotpfropf durch das blosse Eindrücken nicht fest genug sitzt und sich zu leicht verrücken kann. Man hat hierzu verschiedenartig construirte Maschinchen. Sehr praktisch ist das unter Fig. 9 abgebildete.[43]) Vermittelst der Schraube a wird das Maschinchen an einen Tisch festgeschraubt, und die gefüllte Patrone in den Cylinder A gesteckt, so dass der Stift in die Vertiefung b zu liegen kommt. Hierauf verschliesst man die Cylinderöffnung durch Umlegen der Klappe c und zieht vermittelst des Handgriffs B die mit demselben verbundene Schraube d an, wodurch sich der Hülsenrand regelmässig über dem Schrotpfropf zusammenlegt. Fig. 8 zeigt eine fertig präparirte Schrotpatrone im Durchschnitt.

Um den Schrotpatronen eine noch grössere Treffähigkeit abzugewinnen, sind verschiedene andere Lademethoden vorgeschlagen worden. Die Gewehrmunitionsfabrik von Dreyse und Collenbusch gibt in ihrem Circular vom Jahre 66 die Lademethode folgendermassen an: Auf das Pulver wird ein Doppelculot, zwei aus Pappe gepresste auf einander geklebte Käppchen, deren hohle Seiten sich gegen Pulver und Schrot wenden, aufgesetzt und auf das Schrot ein einfaches Culot mit der hohlen Seite nach Schrot zugekehrt. Der Schuss mit einer so geladenen Patrone steht aber in Wirksamkeit gegen die oben beschriebene einfache Methode zurück, da das weiche Doppelculot den Pulvergasen nicht den nöthigen Widerstand bieten kann. Wenn nun die Fabrik trotzdem ihre Lademethode als eine ganz vorzügliche anpreist, so ist das nicht zu verwundern, eben weil sie die Culots fabricirt und auch verkaufen will. Durchaus unrichtig aber ist es, wenn dort weiter gesagt wird: „NB. um auf weitere Distance noch einen grösseren Zusammenhalt des Schrots, dem Kugelschuss ähnlich, zu erzielen, braucht man nur das Culot auf dem Schrot etwas einzuleimen." Denn wie kann das eingeleimte Culot den Schuss verbessern? Im Gegentheil, die Schrotkörner bekommen durch den vorderen zu starken Widerstand die Neigung, nach der Seite auszuweichen und zu streuen. Dazu ist die Sache gar nicht ungefährlich, weil beim Abfeuern das eingeleimte Culot öfters Stücke von der Hülse mitnimmt, welche zuweilen vorn im Laufe stecken bleiben. Das Einleimen von Schrotpfropfen muss daher stets unterbleiben.

Auch die französische Methode, wo auf das Pulver

ein einfaches Culot und ein dünner Pfropfen und auf das Schrot ein dünnes Pappscheibchen gesetzt wird, ist schlecht und nicht zu empfehlen. Die Zwischenräume des Schrots in der Patrone mit Kleie oder Sägemehl auszufüllen, ist von keinem besonderen Vortheil auf den Schuss. Ausgefüllte Zwischenräume können nur dann vortheilhaft wirken, wenn die Schrotsäule in einer Papierhülse (wie bei der Patrone für die Percussionsflinte) durch das Rohr geführt wird.

Man kann den Schrotschuss der Lefaucheux-Gewehre verbessern, wenn man auf das Pulver in die Hülse die in §. 17 beschriebene, unter Fig. 10 auf Taf. III abgebildete Patrone einsetzt. Aber es müssen hierzu die Hülsen länger gemacht und ebenso das Patronenlager entsprechend grösser ausgebohrt werden.

Aus der Doppelbüchse und dem gezogenen Lauf der Büchsflinte schiesst man Spitzgeschosse, welche gerade so construirt sind, wie das auf Taf. L, Fig. 4, abgebildete Spitzgeschoss für die Percussionsbüchse. Die Cannelirung wird mit einem gefetteten Wollfaden umwickelt, der ganze cylindrische Theil des Geschosses getalgt und dasselbe mit einem Ladeholz, dessen Metallstosstheil konisch ausgesenkt ist, auf das Pulver in die Hülse gedrückt; zwischen Pulver und Geschoss wird ein leichter Filzpfropfen gebracht. Die Zeichnung Fig. 7 auf Taf. VI stellt eine Geschosspatrone im Durchschnitt dar. Das Geschoss wird im Durchmesser um 0,5 — 0,6 Ml. stärker gemacht, wie das Laufcaliber, es muss sich also in die Züge und durch dieselben durchpressen und erhält so seine sichere Führung. Es gibt nun Jäger, welche behufs Erhaltung eines feineren Schusses Spitzgeschosse mit Pflaster aus den Lefaucheux-Büchsen schiessen. Das Pflaster wird mit einem besonders dazu angefertigten Pflasterschläger sternförmig so geschlagen, wie es die Fig. 8, Taf. V, zeigt und durch eine Auflösung von Talg und Wachs gezogen.

Das Geschoss wird mit seiner Basis auf die Mitte des Pflasters gesetzt und die Spitzen des letzteren an das erstere fest angeklebt. Es muss Dies sehr vorsichtig geschehen, weil sonst das Pflaster beim Eintritt des Geschosses in die Züge zurückbleiben kann und dann natürlich der Schuss ein unsicherer wird. Die Pflaster auf die Geschosse zu kleben, ist eine umständliche Arbeit, die sich eigentlich mehr für Correctionshaus-Sträflinge, als für Jäger eignet, und da die mit dem Wollenfaden umwickelten Geschosse auf die nahen Jagddistancen hinlänglich sicher schiessen. dürfte es wohl practischer sein. diese zu verwenden.[44])

Soll aus dem Schrotlauf einer Büchsflinte eine Kugel geschossen werden, so nehme man eine Papierhülse, setze einen Treibspiegel ein und die Kugel in denselben und binde die Hülse (in der bekannten Weise) zu; diese Hülse, die also den Treibspiegel und die Kugel enthält, wird dann auf das Pulver der eigentlichen Patronenhülse geschoben. Die Papierhülse mit der Kugel muss fest in der Patrone schliessen.

Die Schrotpatronen-Hülsen müssen so lang sein, dass sie ungeladen das Patronenlager gerade ausfüllen, und die Patronen dürfen vor dem Zudrehen nicht abgeschnitten werden, damit die Hülse, wenn sie beim Schuss in die alte Lage zurückgeht, die Kammer wieder ganz ausfüllt. Das Abschneiden ist aber auch gar nicht nöthig. Wenn die Patronen mit starken Filzpfropfen gehörig geladen sind, wird der überstehende Hülsenrand gerade noch hinreichen, um eingezogen werden zu können. Freilich, wer statt der Filzpfropfen schlechte Culots oder dünne Pappscheiben nimmt, wird einen so grossen überstehenden Rand bekommen, dass er ihn nicht einziehen kann. Ist die Patrone nun abgeschnitten und füllt sie das Lager nicht gehörig aus, so kann sich das Schrot im Moment des Abfeuerns verschlagen und jedenfalls wird ein bedeutenderer Rückstoss erzeugt.

Das Laufcaliber der Schrotgewehre muss mindestens ebenso eng sein, als der Durchmesser der Patronenhülse, oder noch besser um ein weniges schwächer, als dieser. damit die Pfropfen und das Schrot an den Laufwänden die nöthige Reibung finden; vor der Kammer muss das Rohr einen schwachen Fall haben und sich sanft in das Patronenlager verlaufen. Wenn der Durchmesser der Hülse also 17 Ml. ist, (Dies ist die am meisten geführte Patrone Cal. Nr. 16) so kann das Laufcaliber etwa 16,6—16,8 Ml. betragen.

Wenn man öfter Jäger klagen hört, dass ihre Lefaucheux-Gewehre nicht tödten, so hat Dies gewöhnlich seinen Grund in verhältnissmässig zu weitem Laufcaliber. Ob aber der Lauf einer Lefaucheux-Flinte zu weit ist, ist leicht zu erproben. Man braucht nur den für die betreff. Patrone passenden Filz-

pfropfen zu nehmen und ihn mit einem Ladestock durch den Lauf zu stossen; geht der Pfropfen schwer und gepresst durch. dann hat der Lauf die gehörige Weite. geht er aber ganz leicht oder fällt er gar durch, dann ist der Lauf zu weit. Solchen Gewehren ist nicht anders zu helfen. als durch Einbohren einer weiteren Kammer. was geschehen kann. wenn die Läufe noch hinlängliche Eisenstärke dazu haben.[45])

Die Patrone für den gezogenen Lauf muss ebenfalls so lang sein. dass sie das Lager ganz ausfüllt[46]) und das Geschoss sich unmittelbar an den vorstehenden Rand des Laufes anlehnt und gleich. wenn es, den Pulvergasen nachgebend, vorwärts rückt, in die Züge einschneidet.

Die Patronenhülse muss nach jedem Schuss entfernt werden. Ist die Hülse nicht zu stark gerissen. so kann Dies gewöhnlich blos mit den Fingern geschehen; im anderen Falle hat man dazu den eisernen Patronenhaken nöthig, ein einfaches auf Taf. VI. Fig. 10, abgebildetes Instrument. welches permanent an der Jagdtasche nachzuführen ist. Wie alle Patronen müssen auch die Lefaucheux-Patronen an trockenen Orten aufgehoben werden, damit sie sich vorm Aufblähen geschützt bleiben, was auch Versager hervorrufen kann. Ich erinnere hier nochmals daran. (die Gründe dafür findet man in §. 17) die geladenen Schrotpatronen in die Patrontaschen mit der Pulversäule nach unten zu stecken.

§. 27.

Das *Reinigen* des Lefaucheux-Gewehres ist sehr einfach, noch einfacher, wie das eines Percussions-Gewehres. Nach dem Gebrauche haucht man in die Läufe hinein, wodurch der trockene Pulverschleim erweicht wird und putzt denselben mit dem Wergwischer von hinten trocken aus. Von Zeit zu Zeit wird auch die nasse Auswaschung vorgenommen. wobei es jedoch nicht nöthig ist, die Läufe vom Schafte abzunehmen. Es genügt. wenn Dies etwa alle Jahr einmal geschieht. Man braucht dazu nur die Läufe zu öffnen und den Schieber. wie bei dem Percussions-Gewehre zurückzudrücken, wodurch das Schiffchen und die Läufe an

---

44) Es wäre vielleicht das geeigneteste, wenn das Geschoss durch Vermittelung eines Spiegels, wie bei den Zündnadel-Jagdbüchsen, durch die Züge geführt würde. Es war mir bis jetzt nicht Gelegenheit geboten, hierüber Versuche anzustellen, ich hoffe aber, in der Kürze darüber berichten zu können.

45) Da es nur Patronen für gewisse Caliber gibt, so ist es Aufgabe der Fabrikanten, das Laufcaliber den Patronen verhältnissmässig anzupassen.

46) Das Patronenlager der Büchsenläufe kann in Folge der geringeren Ladung nicht so lange gemacht werden, wie das eines Schrotlaufes. Da die Patronenhülsen aber alle gleiche Länge haben, so müssen sie zu Geschosspatronen bis auf die erforderliche Länge abgeschnitten werden.

5*

der Achse der Bascule (Taf. VI., Fig. 3. b) frei werden. Nachdem man dann Alles sauber abgeputzt hat, werden die Reibungsstellen, nämlich der Hebelansatz, das Schiffchen bei a (Taf. VI., Fig. 5) und die Berührungsstellen der Laufhaken eingeölt. Den Hebel braucht man von der Bascule nie abzuschrauben. Sonst wird das Gewehr ganz so wie ein Percussions-Gewehr behandelt. Reparaturen werden bei einigermaassen guter Behandlung selten nöthig und können von jedem Büchsenmacher leicht ausgeführt werden.

§. 28.

Da das Lefaucheux-Gewehr in der neueren Zeit unter der Jägerwelt grosse Verbreitung gefunden hat, so ist es natürlich, dass man häufig über seine *Vorzüge* und von den Gegnern über vorgebliche Nachtheile reden hört.

Als Hinterladungswaffe hat es vor dem Percussions-Gewehr vor Allem den Vorzug des rascheren und bequemeren Ladens und des leichteren Reinigens. Der Jäger kann stets durch die geöffneten Läufe hindurchsehen und sofort auch das kleinste Rostfleckchen, welches sich gebildet hat, wahrnehmen, was bei einem Percussions-Gewehr, wenn man die Schwanzschraube nicht ausdrehen will, nicht anders als durch Gebrauch eines *Seelenspiegels* [17]) geschehen kann. Mag man eine Percussionsbüchse noch so oft putzen und einölen, nach und nach werden sich doch, da es öfter vorkommt, dass eine Jagdbüchse längere Zeit geladen bleibt, in der Seele Rostfleckchen bilden. Wie leicht ist es dagegen, den gezogenen Lauf eines Lefaucheux-Gewehres blank und rein zu erhalten! Dazu ist man mit dem Reinigen weit schneller fertig, als bei einem Percussions-Gewehr. Oefter kommt es auch beim Jagdbetriebe vor, dass man das Schrot wechseln, d. h. grobes statt des feinen oder umgekehrt laden muss. Während bei dem Vorderladungs-Gewehr hier nun der Krätzer gehandhabt werden muss, wie rasch hat man dagegen eine Patrone aus der Kammer genommen und eine andere eingeführt! Das sind lauter Vortheile, welche gewiss Jeder sofort einsehen und erkennen muss.

[17]) Der Seelenspiegel ist ein kleiner Stahlcylinder mit spiegelglatt polirter Endfläche, welcher an einem mitten durchgehenden Blindfaden in den Lauf hinunter gelassen wird. Hält man den Lauf mit der Mündung gegen das Licht, so kann man, indem durch die spiegelglatte Endfläche jenes Cylinders in dem Lauf selbst ein starker Beleuchtungsreflex erzielt wird, jeden Rostflecken an der Seelenwand wahrnehmen.

„Das Lefaucheux-Gewehr und alle Hinterladungs-Gewehre schiessen auch besser und weiter", hört man öfter sagen. Allerdings ist es denkbar, dass ein Schrotschuss, welcher aus der weiteren Patronenhülse durch das etwas engere Rohr geführt wird, mehr Reibung findet, als ein solcher, der von oben in den Lauf geladen wird. Die Kraft jedes Schusses wird ja bedingt durch den *Widerstand*, welchen das Projectil den Gasen durch seine *Reibung* an der inneren Laufwand entgegensetzt. „Je mehr man also die Reibung und dadurch den Widerstand vergrössert, um so schärfer und weiter schiesst das Gewehr", könnte man weiter folgern. Aber die Sache ist doch anders, und man höre das Folgende: Ohne Reibung und Widerstand ist ein guter Schuss unmöglich. Ladet man eine Flinte mit einem schlecht schliessenden Pfropfen, so wird der Schuss ein matter sein. Ebenso ist der Kugelschuss aus einem glatten Lauf von nicht besonderer Tragweite und Kraft, eben, weil die Kugel in Folge des Spielraums dem explodirenden Pulver nicht den nöthigen Widerstand bietet. Aber die Reibung der Projectile darf auch keine zu starke sein. Würde man das Caliber eines Lefaucheux-Gewehres der Patrone gegenüber bedeutend enger machen, so würde durch die zu grosse Reibung der Schuss unfehlbar ein schlechter werden. Es ist daher Hauptsache bei jeder Hinterladungswaffe, das richtige Maass der Reibung zu finden und festzustellen.

Man lasse sich nicht beirren durch das Geschrei über die weittragenden Geschosse der von hinten geladenen gezogenen Waffen. Man hat durch fortgesetzte Versuche in Erfahrung gebracht, dass die Hinterladungsbüchsen, da durch zu grosse Reibung die Anfangsgeschwindigkeit der Geschosse bedeutend vermindert wird, in Bezug auf die Präcision keineswegs mehr leisten, als eine Vorderladungswaffe und man kann sich begnügen, wenn die gezogenen Hinterladungsgewehre in dieser Hinsicht hinter den Vorderladungswaffen nicht erheblich zurückstehen.

Wenn Laufcaliber und Patronenhülse in richtigem Verhältniss stehen, so schiessen die Lefaucheuxbüchsen gut und sicher und die Schrotgewehre eng und scharf. Aber eine richtig geladene Percussionsflinte wird ebenso gut schiessen, wenigstens nicht erheblich zurückstehen. Freilich wird ein Jäger, der seine Vorderladungsflinte mit Papierpfropfen etc. ladet und dazu wo möglich noch Pulver und Schrot aus der Hand eingeschüttet hat, nicht so viel ausrichten, als ein solcher, der aus einem mit wohlpräparirten Patronen geladenen Lefaucheux-Gewehre schiesst.

Ein Hauptvorzug des Lefaucheux-Systems vor anderen Hinterladungswaffen ist der, dass die Schlösser nicht im Zusammenhang mit der Verschlussmechanik stehen, sondern isolirt für sich, wie die Schlösser des Percussions-Gewehres im Schafte eingelassen sind. Ein Crachement kann also, wie Dies bei den meisten andern Hinterladungsgewehren der Fall ist, niemals in die Schlossräume eindringen. Ebenso verhindert die nach hinten mit der Messingkappe ganz verschlossene Patrone das Austreten des Crachements in die Mechanik vollständig. Die Patrone selbst ist einfach und leicht zu laden und man hat ausser dem Instrument zum Einziehen der Patronen und dem Patronenhaken zur Bedienung des ganzen Gewehres besondere Werkzeuge nicht nöthig. Dazu sind die Patronen nicht theuer. Die Fabrik Dreyse und Collenbusch liefert das Tausend Hülsen zu 5 Thlr. Es hält diese Sorte allerdings nur zu einem Schuss aus, das Hütchen entzündet sich aber jedesmal unfehlbar.

„Aber das Nachtragen der geladenen Patronen ist gefährlich", sagen die Gegner. Keineswegs. Um die Patrone zu entzünden, ist schon ein starker Schlag auf den Stift nöthig und die Patronen werden sich in der Patrontasche, sollte auch der Jäger einmal fallen, durch einen äusseren Druck nie entzünden. Nein, ein Jäger, welcher Lefaucheux-Patronen nachführt, läuft nicht mehr Gefahr, als ein solcher, der ein Pulverhorn umhängt.

Noch wird den Lefaucheux-Gewehren (und auch anderen Hinterladern) zum Vorwurf gemacht, dass die Läufe bei der Explosion sich hinten nach oben bewegten, wodurch natürlich die Sicherheit des Schusses Noth leiden würde. Dies könnte aber nur der Fall sein, wenn die zur Verschlussmechanik gehörigen Theile äusserst nachlässig gearbeitet wären. Ist die Bascule solid gebaut und greift der Hebelansatz genau in die Laufhaken ein, ist an so etwas nie zu denken.

Es gilt keine einfachere und solidere Verschlussmechanik, als die eines Lefaucheux-Gewehres. Ein Hauptbeweis hierfür ist seine grosse Verbreitung,[18] die von Tag zu Tag zunimmt und es ist gewiss, dass

das Lefaucheux-Gewehr als Jagdwaffe, gerade seiner einfachen und soliden Mechanik, seiner leichten Handhabung und Reinlichhaltung und seiner vorzüglichen Patrone wegen, sobald nicht von einem anderen Hinterladungs-Gewehre verdrängt werden wird.

V. Capitel.

Das Lancaster-Gewehr.

§. 29.

Das Oeffnen der Läufe und gleichzeitige Spannen der Schlösser bei diesem Gewehre findet durch Bewegung des Hebels nach links statt. Taf. VII., Fig. 1, zeigt das Gewehr im geschlossenen und abgefeuerten, Fig. 2 im geöffneten Zustande ($^1/_3$ der wirkl. Grösse). Auf der Abzugsbügelplatte, welche mit der Bascule verbunden ist, ist das Doppelschloss befestigt. Es ist nach den Grundzügen eines Percussionsschlosses gebaut, denn es hat (s. Taf. VIII., Fig. 1 und 2) die *Stangenfeder* a, die *Schlagfeder* b, welche durch die *Kette* c mit der *Nuss* d verbunden ist. Die beiden *Bolzen* (stumpfe Stifte) e e stehen wieder mit der Nuss in Verbindung. *Abzugstange* und *Abzug* f sind aus einem Stück gearbeitet. Im geschlossenen Zustande werden die Läufe im Vorderschafte festgehalten durch den Stift b (Taf. VII. Fig. 1 und 2) und durch den in den Laufausschnitt (Taf. VII., Fig. 3 und 4, a) eingreifenden Zapfen der *Kurbel* (g, Taf. VII., Fig. 2 und Taf. VIII., Fig. 1 und 2). Ausserdem schiebt sich die auf der Unterseite der Läufe angebrachte Verlängerung (Taf. VII., Fig. 3 und 4, b) bei h (Taf. VIII., Fig. 2) in die Bascule ein. Die Bindung ist also eine dreifache.

Dreht man nun den Hebel und dadurch die mit ihm verbundene Curbel A nach links, so rücken die Läufe, durch den Kurbelzapfen bewegt, zuerst ein wenig vorwärts und senken sich dann, indem sie von der Unterlage frei werden, vorn nieder. Gleichzeitig wird durch die Hebelbewegung vermittelst der in die Kurbel eingehakten *Zugstange* (Taf. VIII., Fig. 1 und 2, B) die Nuss und dadurch der mit ihr verbundene Bolzen rückwärts gedrückt, so dass die Abzugstange (wie in Fig. 2 auf Taf. VIII zu ersehen) hörbar in die Rast i der Nuss eintritt. Zwei kleine *Messingstifte*, um welche schwache Spiralfedern liegen, gehen durch den Kolbenhals hindurch und stehen mit ihren unteren Enden auf den Schlagfedern. Sind die Schlösser gespannt und dadurch die Schlagfedern niedergezogen,

---

[18] Von allen Hinterladungs-Gewehren wird von den deutschen Jägern am meisten das Lefaucheux-Gewehr gebraucht; in Belgien und Frankreich werden fast ausschliesslich Lefaucheux-Gewehre geführt.

so verschwinden die Stifte (wie Dies an Fig. 2, Taf. VII. a, ersichtlich) und zeigen damit an, dass das Gewehr gespannt ist. Nach dem Abfeuern erscheinen die Stifte, durch die Schlagfedern in die Höhe getrieben, wieder ausserhalb des Kolbenhalses (s. Taf. VII., Fig. 1, a). Um das Gewehr zu verschliessen, werden die Läufe auf die Unterlage niedergedrückt und der Hebel in seine frühere Stellung zurückgeführt, bis der Ansatz desselben (k Taf. VII. und VIII., Fig. 2) in die Rast des unten im Vorderschaft eingelegten Schildchens einklinkt.

Die *Patrone* (Taf. VII., Fig. 6), eine Hülse von Pappe, ist am Boden mit einer Messingkappe verschlossen. In der Bodenmitte sitzt in einer besonderen Messinghülse (der Zündglocke) a, welche nach der Innenseite der Patrone eine kleine Oeffnung b hat, auf einem in Kreuzform geschlitzten Stifte c, das Zündhütchen d. Sie wird geladen wie eine Lefaucheux-Patrone. Beim Abdrücken schlagen (s. Fig. 1 auf Taf. VIII.) die Bolzen durch die Löcher l der Bascule, von den entspannten Schlagfedern geschnellt, gegen das Zündhütchen der Patronen und der Feuerstrahl desselben dringt durch die Oeffnung der Zündglocke in das Pulver ein.

Beim Oeffnen der Läufe werden durch eine besonders angebrachte Mechanik, den sog. *Schlitten*, die abgeschossenen Hülsen so weit aus der Kammer geschoben, dass man sie mit den Händen fassen und herausziehen kann. Der Schlitten (Taf. VII., Fig. 2, 3 und 4, C) ist an der Unterseite der Läufe angebracht. Schieben sich beim Oeffnen des Gewehres die Läufe vorwärts, so wird der Schlitten vermittelst des in der Laufunterlage stehenden *Stiftes* (Taf. VII., Fig. 2, Taf. VIII. Fig. 1 u. 2, D) rückwärts gedrückt, (wie Dies an Fig. 2 und 3, Taf. VII. zu ersehen) und schiebt dadurch die Hülsen aus der Kammer. Beim Verschliessen der Läufe geht der vordere Theil des Schlittens (Taf. VII., Fig. 4, c) über den federnden Stift hinweg.

Die *Sicherheit* liegt in Form einer Walze in der Bascule. Die Walze hat zwei Löcher, durch welche die Bolzen durchschlagen. Dreht man den mit der Walze verbundenen äusserlich sichtbaren Sicherheitszapfen (Taf. VII., Fig. 1, 2) rückwärts, so kommen die beiden Löcher nach oben zu stehen, und das Durchschlagen der Bolzen ist somit unmöglich gemacht.

Um das Gewehr abzuspannen, öffnet man die Läufe, drückt dieselben (nachdem man die Patronen herausgenommen hat) auf die Unterlage nieder, hebt durch Druck auf die Abzüge die Abzugsstangen aus den Rasten der Nuss und führt den Hebel langsam vorwärts.

Die Obturation ist eine flache. Die Verschlussmechanik lässt ähnliche Variationen zu, wie bei den Lefaucheux-Gewehren.

Auch eine andere Art von Patronen hat man für die Lancaster-Gewehre construirt. Es ist eine Papierhülse (Taf. VII., Fig. 6) mit einem Schlussspiegel von Pappe mit Metallansatz verschlossen. Auf der kegelförmigen Erhöhung a des Schlussspiegels ist ein Zündzapfen b aufgeleimt, welcher (wie bei den Zündnadel-Gewehren) die Zündmasse c in Gestalt einer runden Scheibe enthält. Durch die Mitte des Schlussspiegels geht ein Loch, in welchem ein kleiner eiserner Stift d liegt. Die Entzündung erfolgt, indem der Bolzen auf den Kopf des Stiftes schlägt und dadurch diesen in die Zündmasse der Patrone eintreibt. Geladen und behandelt wird diese Patrone, wie die in §. 31 näher beschriebene Patrone des Zündnadel-Gewehres. Beim Schusse geht der grösste Theil der Hülse mit zu dem Laufe hinaus, und der Schlitten wirft dann beim Oeffnen der Läufe den Schlussspiegel aus dem Bereiche des Gewehres.

Neumann[49] erwähnt das Lancaster-Gewehr als eine lütticher Erfindung (System *Bernimolin*). Nach Anderen soll es in England erfunden sein. Die deutschen Jäger benennen es gewöhnlich „Centralfeuer-Gewehr". Weil dieser Name unpassend ist, denn jedes Zündnadel-Gewehr mit horizontalem Nadelstich ist ja auch ein Centralfeuer-Gewehr (da die Entzündung der Patronen im Centrum stattfindet), habe ich einstweilen den Namen Lancaster-Gewehr beibehalten. Andere verstehen unter Lancaster-Gewehr das System *Schneider*, dessen Patrone ganz dieselbe, wie die oben beschriebene ist. Die Zündung erfolgt hier durch einen schräg zum Zündhütchen stehenden Stift, der äusserlich die Form eines Pistons hat, auf welchen der Hahn aufschlägt.

Die Mechanik des Lancaster-Gewehres, obgleich weit complicirter wie die des Lefaucheux-Gewehres, ist im Ganzen solid und dauerhaft. Die Lancaster-Gewehre sind den Zündnadel-Gewehren vorzuziehen, weil der Bolzen durch eine Schlagfeder und nicht wie bei jenen die Nadel durch eine Spiralfeder geschnellt wird. Die schwache Seite des Lancaster-Gewehres

---

49) S. dessen „Wesen der Hinterladungsgewehre" S 30.

liegt in der Verbindung der Bolzen mit dem Schloss. Denn obgleich die Patrone zwar nach hinten verschlossen ist, so kann doch das explodirende Zündhütchen und ebenso schlecht gearbeitete Patronen ein Crachement verursachen, welches an den Bolzen, wenn dieselben auch noch so dicht in der Bohrung der Bascule schliessen, vorbei in die Schlossräume gelangen und dieselben verschmutzen kann. Die Papp-Patronen sind den Papier-Patronen vorzuziehen. Letztere sind noch weniger fest nach hinten geschlossen und lassen daher ein grösseres Crachement zu. Durch das Schloss, welches von unten in den Kolbenhals eingelegt wird, wird derselbe stark angegriffen und ausgehöhlt. Deswegen muss die Scheibe, um ihm mehr Stärke zu geben, breit und lang gemacht werden. [30])

Die Läufe werden gereinigt wie die jedes Hinterladungsgewehres. Um sie vom Schafte zu trennen, wird der Stift herausgeschlagen. Zur Abnahme der Scheibe, der Bascule etc. hat man, ausser einem Schraubenzieher, besondere Werkzeuge nicht nöthig. Zum Auseinandernehmen des Schlosses gebraucht man einen gewöhnlichen Federhaken. Die Schlösser müssen häufig gereinigt und eingeölt werden, besonders die Bolzen. Ausserdem die Kurbel, der Laufausschnitt, der Theil der Läufe, welcher sich in die Bascule einschiebt, die Zugstange und der Schlitten.

Dritte Kategorie.

VI. Capitel.

Dreyse'sches Zündnadel-Jagdgewehr, welches die Einheitspatrone ganz verschiesst.

§. 30.

Um das Gewehr zu laden, wird der unter dem Vorderschaft befindliche Hebel nach links gedrückt, wodurch sich die Läufe zuerst ein wenig vorwärts bewegen und sich dann, wie bei dem Lefaucheux-Gewehre, vorn niedersenken. Durch die Bewegung des Hebels werden gleichzeitig die beiden Schlösser gespannt. Nach dem Einführen der Patronen wird das Gewehr, indem man die Läufe auf die Unterlage niederdrückt und den Hebel in seine alte Stellung zurückführt, verschlossen und ist schussfertig. Die Patrone ist eine Papierhülse, in welche zwischen Pulver und Blei ein Treibspiegel zu liegen kommt, in dessen hinterer Fläche der Zündzapfen eingeleimt ist. In den

30) Die Lancaster-Gewehre stehen weit höher im Preise, als die Lefaucheux-Gewehre; auch die Patronen sind kostspieliger.

Laufhinterstücken liegen die Schlosscylinder, welche den Nadelbolzen und die Zündnadel, sowie die den Nadelbolzen umgebende Spiralfeder enthalten. Beim Abdrücken schnellt der Nadelbolzen und mit ihm die Nadel, von der entspannten Spiralfeder getrieben, nach vorn. Die Nadel durchbohrt den Patronenboden, sowie die ganze Pulversäule und entzündet durch einen Stich die Zündmasse und diese dann, rückwärts zündend das Pulver, [31]) wobei der hintere, das Pulver umgebende Theil der Hülse verbrennt, während der vordere Theil derselben mit dem Schrot und dem Treibspiegel zum Lauf hinausgetrieben wird.

Die Patronen hinterlassen also keine Rückstände; man hat nicht nöthig, die abgeschossenen Hülsen aus den Kammern herauszuziehen, sondern braucht nur nach dem Oeffnen der Läufe neue Patronen einzuführen, die Läufe zu schliessen und kann wieder feuern. Dies Alles hört sich sehr gut an, und schon mancher Jäger hat für ein solches Gewehr geschwärmt. Aber die Vorzüge treten vollständig in den Hintergrund gegen die Nachtheile, welche man beim Gebrauche dieser Gewehre kennen lernt. Die Obturation ist eine *inwendige*, denn die Läufe umgreifen im geschlossenen Zustande die Verschlusscylinder. An der Patrone ist ein künstliches Mittel zur Verhütung des Crachements nicht angebracht, und Dämpfe und Gase treten fast unbehindert in die Mechanik und durch die Bohrung der Nadelrohre in die Schlossräume ein. Durch öfteres Feuern wird durch den an der Aussenseite der Laufhinterstücke sich niederschlagenden und daselbst antrocknenden Pulverschleim das Verschliessen der Läufe erschwert, die ganze, überdies sehr complicirte Mechanik verschmutzt rasch und erfordert ein häufiges Auseinandernehmen des Gewehres und ein fast beständiges Reinigen und Einölen der zur Mechanik gehörigen Theile.

Kurz, dieses Gewehr taugt fast ebensowenig, als ein Schnelllade-Gewehr und ist auch nur wie das letztere, ganz vereinzelt in Aufnahme gekommen. In der Dreyse'schen Fabrik werden solche Gewehre nur noch, wenn es ganz besonders gewünscht wird, ge-

31) Man ist geneigt zu glauben, dass das Pulver besser verbrenne, wenn es statt hinten vorn entzündet wird. Dem ist aber nicht so. Es ist gleichgültig, ob das Pulver vorn, hinten oder in der Mitte entzündet wird, wenn nur der Pulverpfropfen im Laufe die nöthige Reibung findet und dadurch dem Pulver den gehörigen Widerstand bietet. Denn nur dadurch kann es zur vollständigen Verbrennung kommen.

macht und man hat daselbst ein neueres und besseres Zündnadel-Jagdgewehr construirt, über dessen Werth das folgende Capitel Aufschluss geben soll.

VII. Capitel.

Dreyse'sches Zündnadel-Jagdgewehr, dessen Patronen zur Verhütung des Crachements mit Schlussspiegeln umgeben sind.

§. 31.

Der Hebel wird zum Zwecke des Lauföffnens nach links gedreht, wodurch sich die Läufe zuerst in horizontaler Richtung nach vorn, dann aber nach rechts aus dem Schafte herausbewegen und zugleich das Spannen der beiden Schlösser stattfindet.

Taf. IX., Fig. 1. zeigt das Gewehr im geschlossenen und gespannten Zustande (¼ der wirkl. Grösse). Fig. 3 obere Ansicht des Gewehres bei geöffneten Läufen (¼ der wirkl. Grösse). Fig. 2 stellt in halber wirkl. Grösse das Lauflagerstück mit der Mechanik und geschlossenen Läufen, dem Schafte entnommen vor; Fig. 4 dasselbe bei geöffneten Läufen.

Der ganze Schaft dieses Gewehres ist aus einem Stück gearbeitet. Die Läufe werden mit dem *Lauflagerstück* (der Laufunterlage), an welcher die gesammte Mechanik befestigt ist, in den Vorderschaft eingelegt. Auf der oberen Seite des Lauflagerstücks sind die beiden *Verschlusscylinder* (Laufhinterstücke, Taf. IX., Fig. 3, aa) aufgelöthet. Dieselben sind vorn verschlossen durch die *Laufbodenschrauben* (Taf. IX., Fig. 3, bb und Taf. X., Fig. 3), welche sich beim Verschliessen des Gewehres in die Läufe einschieben, die Obturation ist also die *inwendige*. In der Mitte der Laufbodenschrauben sind die *Nadelrohre* eingeschraubt (s. Taf X., Fig. 3, a). In den Laufhinterstücken liegen, durch eine Platte verbunden, die *Schlosscylinder* (Taf. X., Fig. 1), welche die *Nadelbolzen* (Taf. X., Fig. 2) mit der *Zündnadel* und die sie umgebende *Spiralfeder* enthalten. Die Nadelbolzen sind durch zwei Ansätze aa, die *Nadelbolzenköpfe* in zwei Abtheilungen getheilt; um die hintere Abtheilung liegt die Spiralfeder. Durch die Ansätze aa der Schlosscylinder, sowie durch die *Schlosscylinderschrauben bb* werden die Nadelbolzen in den Schlosscylindern festgehalten. Die unter der Verlängerung der oberen Laufschiene eingeschraubte Feder, die sog. *Schlosssicherungsfeder* (Taf. IX., Fig. 1 und 3, c) hält das *Doppelschloss* in den Laufhinterstücken fest. Auf der unteren Seite des Lauflagerstücks sind die *Abzugsfedern* (Taf. IX., Fig. 2 und 4, dd)

durch die Schrauben ee befestigt; an ihnen sind die beiden Abzüge ff angeschraubt, deren Stangen durch das Lauflagerstück hindurchgehen und in die Verschlusscylinder hervorragen. Etwa in der Mitte des Lauflagerstücks ist die aus zwei Theilen bestehende *Kurbel* (Taf. IX., Fig. 5) eingelegt. In dem unteren Theile g hakt in einem runden Loche die *Zugstange* (Taf. IX., Fig. 2 und 4, A) ein, deren anderes Ende h durch den Schlitz i in dem Lauflagerstück durchgeht und wie die Abzugsstangen in die Verschlusscylinder hineinragt. Der obere Theil der Kurbel hat einen runden Ansatz a, welcher in den an der unteren Seite der Läufe angebrachten *Ausschnitt k* (Fig. 4 auf Taf. IX.) eingreift. Auf dem Zapfen l der Kurbel, welcher durch den Schaft hindurch geht, wird der Hebel (Fig. 1, 2, 3 und 4, B) aufgeschraubt. Durch die Schrauben mm werden die Läufe auf dem Lauflagerstück festgehalten.

Wird nun der Hebel und dadurch die mit ihm verbundene Kurbel nach links gedreht, so rücken die Läufe, durch den in den Laufausschnitt eingreifenden Kurbelzapfen bewegt, in der Ausschnitten nn des Lauflagerstücks zuerst ein wenig vorwärts und dann in horizontaler Richtung nach rechts aus dem Schafte heraus. Gleichzeitig wird durch das Drehen der Kurbel die Zugstange, wie Dies an Fig. 4 ersichtlich, gegen die Nadelbolzen gedrückt, wodurch die hinteren Köpfe derselben mit hörbarem Klingen hinter die in die Schlossräume hervorragenden Abzugsstangen eintreten. Die hinteren Theile der Nadelbolzen treten hierbei ein wenig aus den Schlosscylindern heraus und zeigen damit an, dass die Schlösser gespannt sind. Um nach dem Einführen der Patronen die Läufe zu verschliessen, wird der Hebel in die frühere Stellung nach rechts gedrückt, bis der Ansatz desselben o (Fig. 1 und 3 auf Taf. IX.) in die Rast des unten in dem Vorderschaft eingelegten Schildchens einklinkt.[52]

Sobald sich nun durch Druck auf den Abzug die Abzugsstange senkt, geht der Nadelbolzen, durch die sich entspannende Spiralfeder geschnellt, über die Stange hinweg und die Nadel durch die Bohrung der Laufbodenschraube und des Nadelrohres (Taf. X., Fig. 3, b und e) hindurch in die Patrone und entzündet durch einen Stich die Zündmasse. Die Nadel soll nicht weiter in die Patrone eindringen, als zur Erreichung der Zündmasse nöthig ist. Deswegen wird

---

[52] Das Geschäft des Laufverschliessens wird wesentlich erleichtert, wenn man den Hebel möglichst rasch in seine alte Lage führt.

der Nadelbolzen in seinem Fluge durch die Bodenschraube aufgehalten, gegen deren hinteres Ende c der
vordere Nadelbolzenkopf aufschlägt. Um die Heftig-
keit des Aufschlagens zu mildern, ist in den Nadelbolzenkopf eine *Lederplatte* und vor derselben eine
Kupferplatte (Taf. X., Fig. 2, b) eingelegt. Die Lederplatte soll ausserdem durch ihre Weichheit und Elasticität den schon durch den Nadelbolzenkopf be-
zweckten Verschluss vervollständigen. Die Kupferplatte dient zur Schonung der Lederplatte; wäre die
Kupferplatte nicht vorgesteckt, so würde sich das
Leder zu bald zerschlagen.

Soll das gespannte und geladene Gewehr gesichert
(in Ruh gesetzt) werden, so geschieht Dies durch Zurücklassen des Doppelschlosses. Um Dies zu bewerk-
stelligen, nimmt man das Gewehr unter den rechten
Arm und hebt mit dem Daumen der rechten Hand
die Schlosssicherungsfeder. Hierdurch wird das Doppelschloss, seiner Fessel ledig, indem die Nadelbolzen,
deren Köpfe nach hinten konisch gefeilt sind, über
die federnde Abzugsstange hinweggleiten, durch die
hier rückwärts treibende Kraft der gespannten Spiralfeder sehr rasch zurückgetrieben. Um Verletzungen
des Daumens zu verhüten, hält man, während man die
Feder hebt, den Daumen der linken Hand fest gegen
die Verbindungsplatte des Doppelschlosses an, als ob
das Schloss nicht zurückgelassen werden sollte, wodurch die Kraftäusserung der Feder abgeschwächt
wird und das Schloss langsam zurückgleitet. Um das
Gewehr wieder schussfertig zu machen, wird das
Doppelschloss, indem man mit beiden Daumen fest
gegen die Verbindungsplatte drückt, bis zum Wieder-
eintritt der Nase der Schlosssicherungsfeder in die
Laufhinterstücke eingeschoben, wodurch die hinteren
Nadelbolzenköpfe wieder hinter die Abzugsstangen
eintreten. Sowohl beim Zurücklassen, als auch beim
Wiedereinschieben des Schlosses, muss bei geladenem
Gewehre das Berühren der Abzüge selbstverständlich
unterbleiben. Um das Schloss vollständig zu entspannen, lässt man die Feder bei geschlossenen Läufen
(nachdem zuvor die Patronen denselben entnommen
sind) losschlagen.

Das Stechschloss der Doppelbüchse und Büchsflinte ist dasselbe, wie das einer Percussionsbüchse.
Nur ist dabei zu bemerken, dass, wenn man das Stechschloss einer Zündnadelbüchse gestochen und nachher
das Schloss zurückgelassen (gesichert) hat, das Stechschloss dadurch nicht abgespannt wird, sondern im

gestochenen (gespannten) Zustande verbleibt. Um das
Stechschloss zu entspannen, muss man dasselbe bei
geöffneten Läufen losschlagen lassen.

Die *Patrone* (Taf. X., Fig. 4) ist eine Hülse von
Papier. Sie ist am Boden durch den Schlussspiegel
von gepresster Pappe A, der mit einer Messingkappe
umgeben ist und den Zündzapfen c enthält, verschlossen.
In dem Zündzapfen liegt in Gestalt einer runden Scheibe
die Zündmasse d. Durch die Mitte des Schlussspiegels
geht ein kleines Loch a, durch welches die Nadel
behufs der Zündung in den Zündzapfen eindringt. Die
Entzündung geschieht also, verschieden von dem vor-
herbeschriebenen Gewehre, an dem Boden der Patrone;
sie ist daher eine Hinter- oder Bodenentzündung. Auf
der äusseren Seite des Schlussspiegels ist eine dünne
Gummiplatte b aufgeklebt, welche bei der Entzündung
von der Nadel durchstossen wird. Gefüllt wird die
Patrone ganz ähnlich wie die der Percussionsflinte.
Zwischen Pulver und Schrot wird der Treibspiegel,
in der Construction ganz gleich dem in §. 17 beschriebenen, eingesetzt; ein leichter Filzpfropfen kommt
auf das Schrot und die Hülse wird dann in der bekannten Weise über dem Schrot zugebunden. Es
genügt nicht, den Hülsenrand über den Pfropfen blos
umzubiegen, sondern das feste Zubinden der Patrone
ist nöthig, weil sonst beim Abfeuern des einen Laufes
durch die Erschütterung aus der Patrone des zweiten
Laufes Schrotkörner herausfallen und in den Lauf
rollen könnten.

Die Dreyse'sche Fabrik empfiehlt anstatt des Filz-
pfropfens vorm Zubinden über das Schrot in die Patrone eine Hülse von Papier, die sog. Schrotkappe
einzuschieben, welche das Schrot etwa zur Hälfte aufnimmt und dazu dienen soll, der Patrone in der Jagdtasche eine grössere Haltbarkeit zu verleihen; auch
soll durch die Schrotkappe die Schärfe des Schusses
vermehrt werden. Ist die Patronenhülse von gutem
festem Papier, so ist die Schrotkappe überflüssig, da
sie auf den Schuss in der That von keinem oder doch
nur sehr geringem Einfluss ist.

Soll aus dem glatten Laufe eines Zündnadel-
Gewehres eine Kugel geschossen werden, so wird
dieselbe anstatt des Schrots über dem Spiegel in die
Patronenhülse eingesetzt.

Das Spitzgeschoss der Zündnadel-Jagdbüchsen
(Taf. X., Fig. 5, A) hat eine rein kegelförmige Spitze,
einen schmalen calibermässigen Ring und ist nach
hinten eiförmig abgeflacht. Es wird mit diesem ab-

geflachten Theile in den Treibspiegel B der Patronenhülse eingesetzt. Letztere wird wie die Schrotpatrone
über dem Geschoss zugebunden und an dem Theile,
welcher den Spiegel und das Geschoss umgibt, getalgt. Die Hülse ist, um die Trennung zwischen Geschoss und Spiegel vor dem Laufe zu befördern, von
feinerem Papiere als die Hülse der Schrotpatrone.
Dem Spiegel fehlt die auf der hinteren Seite eingepresste Pappscheibe des Schrotspiegels.

Das Patronenlager für die Geschosspatrone ist
ähnlich construirt wie das einer Lefaucheuxbüchse,
ausserdem ist am hinteren Ende des Laufes für den
Schlussspiegel, welcher im Durchmesser bedeutend
stärker ist als die Hülse, ein besonderes Lager ausgebohrt. Für die Schrotpatrone ist in der Kammer
der Schrotläufe ein Patronenlager nicht angebracht,
was auch der dünnen Papierhülse wegen nicht nöthig
ist, sondern der Lauf erweitert sich wie der eines
Percussions-Gewehres nach hinten etwas und hat blos
das Lager für den Schlussspiegel.

Das Spitzgeschoss wird bei diesen Gewehren nicht,
wie bei den Lefaucheuxbüchsen, direkt durch den Lauf
geführt, sondern berührt denselben nur an der schmalen
Fläche c; die wird durch den Spiegel, der stärker ist
wie das Laufcaliber und welcher, wenn er beim Schuss
in die Züge eintritt, den hinteren Theil des Geschosses
fest umschliesst, die sichere Führung verliehen.[53]) Es
ist Dies ein nicht zu verkennender Vorzug, denn die
Züge eines Büchsenlaufes bleiben länger rein und scharf,
wenn das Geschoss nicht direkt, sondern durch Vermittlung eines Pflasters oder Pappspiegels durch den
Lauf geht. Der Schuss ist genau und sicher, ebenso
stehen die Schrotgewehre an Tödtungsfähigkeit hinter
keinem anderen Systeme zurück.

Von den Patronen geht beim Schuss nur der
vordere Theil der Hülse mit zum Laufe hinaus; der
übrige Theil bleibt mit dem Schlussspiegel in der
Kammer zurück und muss nach jedem Schusse entfernt werden. Hierzu verwendet man den auf Taf. X.,
Fig. 6, abgebildeten *Patronenzieher*, mit dessen vorderem
holzschraubenartig gefeiltem Theile der Schlussspiegel
in der Mitte angebohrt und so die Patronenhülse her-
ausgezogen wird. Um ausserdem das Gewehr zu ent-
laden, wird die Patrone mit dem Entladestock bei
geöffneten Läufen aus der Kammer gestossen. Eine

nicht abgeschossene Patrone darf niemals mit dem
Patronenzieher herausgenommen werden, weil das An-
bohren unter Umständen die Entzündung der Patrone
veranlassen könnte.

Der Schlussspiegel und das wieder auf denselben
aufgeklebte Gummiplättchen haben den Zweck, das
Crachement zu verhindern und diese so construirte
Patrone gibt diesem Gewehr vor dem vorherbeschrie-
benen einen bedeutenden Vorzug. Die Gummiplättchen
müssen aber auf der Aussenseite mit fein pulverisirtem
Talkstein (den man in Apotheken kaufen kann), vermittelst eines Stücks weichen Leders eingerieben werden, weil sie sich sonst zuweilen vom Schlussspiegel
ablösen und an dem Laufhinterstück hängen bleiben.
Oft kleben sich dann mehrere aneinander, und der
Zündnadel wird dadurch der Durchgang durchs Nadel-
rohr erschwert, sie kann nicht mit der nöthigen Rasch-
heit in die Patrone eindringen und die Folge davon
ist das Versagen des Schusses.

§. 32.

Die Läufe des Zündnadel-Jagdgewehres werden
gereinigt wie die eines Lefaucheux- oder anderen
Hinterladungs-Gewehres. Sie erfordern aber eine
etwas sorgfältigere Behandlung, weil sich öfters un-
verbrannte Hülsenreste an den Laufwänden anhängen,
welche sich, wenn das Auswischen unterbleibt, zuweilen an einem Punkte ansammeln und dem Treibspiegel den Durchgang erschweren, was möglicher
Weise das Springen des Laufes zur Folge haben kann.

Um das Crachement zu verringern, sind, wie wir
gesehen haben, künstliche Mittel angewandt: der Pa-
tronenschlussspiegel und die Lederplatte am Nadelbolzenkopf; ausserdem ist die vordere Bohrung des
Nadelrohres (Taf. X., Fig. 3 und 4, e) so enge, dass
eben nur die Nadel ihren Durchgang findet. Aber
trotzdem dringt bei jedem Schuss das Crachement,
wenn auch in geringerem Maasse, an der Nadel vorbei
in die Schlossräume und es müssen dieselben daher
häufig gereinigt werden.

Um das Doppelschloss den Laufhinterstücken zu
entnehmen, wird es, wie früher beschrieben, zuerst
zurückgelassen[54]) und dann, nachdem man die beiden
Abzüge so weit als möglich zurückgezogen hat (wodurch die Stangen derselben aus den Schlossräumen
ganz verschwinden) hinten herausgenommen. Um die
Nadelbolzen dem Doppelschlosse zu entnehmen, hat

---

[53]) Die Züge der Zündnadelbüchsen werden, damit sich der
Spiegel gehörig presse, tiefer und schärfer eingeschnitten, als die
anderer gezogener Waffen.

[54]) Ist das Schloss nicht gespannt, so braucht man beim Heben
der Feder nicht gegen die Verbindungsplatte zu drücken.

man die *Schlossbodenschrauben* (Taf. X., Fig. 1, bb) auszudrehen, wozu man sich des auf Taf. X., Fig. 7, abgebildeten *Gabelschlüssels*, dessen Gabeln auf der einen Seite A gerundet sind, bedient. Die Nadel braucht man aus den Bolzen nicht auszuschrauben; soll Dies geschehen (im Falle, dass eine Nadel zerbrochen wäre), so gebraucht man dazu den zugespitzten Theil a des *Nadelrohrreinigers* (Taf. X., Fig. 8). Der Nadelbolzen hat zwischen den beiden Köpfen zwei rundgefeilte Flächen cc, welche beim Ein- und Ausschrauben der Nadeln in die Einfeilung a des Gabelschlüssels gelegt werden, wodurch das Drehen des Nadelbolzens während dieses Geschäfts verhindert wird. Zum Reinigen der Nadelrohre dient der kantig gefeilte Theil b des Nadelrohrreinigers, welcher so lange in die Bohrung derselben herumgedreht wird, bis sich daran Schmutz und steifgewordenes Oel nicht mehr ansetzt. Zum Herausschrauben des Nadelrohres aus der Bodenschraube dient ebenfalls der Gabelschlüssel, dessen flachgefeilte Gabeln B in die Ausschnitte aa des Nadelrohres (Taf. X., Fig. 4) eingesteckt werden.

Um die Läufe vom Schafte zu trennen, ist das Herausschrauben der sog. Kreuzschraube (Taf. IX., Fig. 1, r), der sog. Verbindungsschraube in dem Schildchen, in dessen Rast der Hebel einklinkt, sowie das Herausschrauben der Hebelschraube und das Abnehmen des Hebels nöthig. Durch Ausdrehen der Schrauben mm werden die Läufe von der Laufunterlage frei und es lässt sich dann auch die Kurbel, sowie die Zugstange abnehmen. Die Abzüge werden durch das Ausdrehen der Abzugsfederschrauben ee entfernt.

Die ganze Mechanik muss der vielen und grossen Reibungsstellen wegen sehr gut im Oel gehalten werden. Besonders häufig eingeölt werden die Kurbel und der Theil des Lauflagerstücks und der Läufe, in welchem sich die Kurbel bewegt, die Abzugsstangen, die Nadelbolzenköpfe, die Nadelspitzen, die Laufbodenschrauben (um sie vor dem Ansetzen von Rost zu schützen) und endlich die Verbindungsplatte des Doppelschlosses an der Stelle, an welcher die Schlosssicherungsfeder eintritt.

Bei dem Zusammensetzen des Gewehres ist zu bemerken, dass die Hebelschraube und die Schrauben der Abzugsfedern fest angezogen werden müssen. Geschieht Letzteres nicht, so entladet sich der eine Lauf beim Abfeuern des anderen. Dagegen dürfen die Schrauben mm nicht zu fest angeschraubt werden,

weil sich sonst die Läufe zu schwer öffnen lassen. Auch ist das Verwechseln der beiden Schrauben, sowie der unter ihnen liegenden Unterlagsscheiben zu vermeiden. Beim Wiedereinstecken des Doppelschlosses müssen die beiden Abzüge ganz zurückgezogen werden; das Heben der Schlosssicherungsfeder ist dabei nicht nöthig; wohl aber gebe man Acht, dass keines der Kupferplättchen von dem Nadelbolzenkopf ab- und in die Schlossräume falle. Es kann sich ein solches entweder in die Einlassung für den Abzug im Schaft oder an der hintern Seite der Bodenschraube festklemmen und verhindert so im ersteren Fall das Abfeuern des betreff. Laufes, im zweiten Fall aber das Einschieben des Schlosses in das Laufhinterstück.

Damit sich der Nadelbolzen im Schlosscylinder nicht reiben, müssen dieselben einen wenn auch nur geringen Spielraum im Schlosscylinder haben. Deswegen müssen die Abzüge fest gestellt werden und es lassen sich die Schlösser daher nicht so leicht abdrücken, als die eines Percussions-Gewehres. Als ich das erste Zündnadel-Gewehr in die Hände bekam, war es besonders dieser Umstand, welcher mir sogleich auffiel. Man hat ein merkliches Zurückziehen des Abzugs nöthig, um abzufeuern und Dies ist beim flüchtigen Schiessen ein grosser Uebelstand. Stellt man aber die Schlösser leicht, so entladet sich wider den Willen des Schützen fast jedesmal der zweite Lauf beim Abfeuern des ersten.[55] Zu diesem Uebelstand kommt eben das beständig nöthige Putzen und Einölen der complicirten Mechanik, wegen welcher diese Gewehre auch weit theurer sind, als das einfache Lefaucheux-Gewehr.

Ich kann übrigens nicht umhin, hier zu bemerken, dass die Zündnadel-Jagdgewehre in der Dreyse'schen Fabrik sehr exact und fleissig gearbeitet werden und bei sorgfältigem Reinhalten ist die Mechanik gar wenig reparaturbedürftig. Nur die Zündnadel, welche durch starken Gebrauch weich und stumpf wird, muss zuweilen durch eine neue ersetzt werden; .e muss stets eine kurze aber scharfe Spitze haben. Auch die

---

[55] Neuerdings hat man Zündnadel-Jagdgewehre mit Percussions-Schlössern construirt. Die Nadel ist im Kopfe des Schlosshahnen befestigt. Durch das Niederfallen desselben dringt die Nadel in horizontaler Richtung in die Patrone ein. Hierdurch ist zwar der harte Stand der Abzüge beseitigt, aber die übrigen Nachtheile der Zündnadel-Gewehre, die inwendige Obturation, das Verschmutzen der Mechanik etc. werden dadurch nicht gehoben und es sind deshalb auch diese Gewehre nicht zu empfehlen.

enge Bohrung des Nadelrohrs erweitert sich mit der Zeit und es wird dann, weil sonst das Crachement zu gross wird, das Einschrauben eines neuen Nadelrohrs nöthig. Der zerbrechlichste Theil des ganzen Gewehres ist die Schlosssicherungsfeder, welche bei einem Fall oder Sturz leicht zerbricht oder sich verbiegt. Man trägt deswegen ein solches Gewehr, wenn man nicht schussfertig sein muss, am besten mit zurückgelassenen Schlössern, wodurch die Feder mehr geschützt wird. Auch die Kupfer- und namentlich die Lederplatte muss zuweilen durch eine neue ersetzt werden.

Ich will die Zündnadel-Jagdgewehre nicht ganz verwerfen. Wer als Jagdliebhaber hier und da eine Jagd besucht, und wer die nöthige Zeit hat, beständig zu putzen und einzuölen, und wen der harte Stand der Abzüge nicht genirt, nun — der mag immerhin Zündnadel-Gewehre führen; für den Jäger und besonders für den Forstmann, der bei Wind und Wetter sich im Walde aufhalten muss, sind sie nicht.

Aber das preussische Militär-Zündnadelgewehr ist doch eine gute Waffe, möchte man einwenden.

Ja, gewiss ist Dies ein gutes, vielleicht eines der besten aller Militär-Hinterladungsgewehre. Aber es ist auch weit verschieden von den Jagdgewehren construirt, es hat eine andere Mechanik und Militär- und Jagdwaffe ist auch ein grosser Unterschied. Während es bei einem Kriegsgewehr ein grosser Vortheil ist, wenn es die Einheitspatrone ganz verschiesst, da der Soldat sich nicht damit befassen kann, die abgeschossenen Hülsen herauszuziehen — ein selbstthätiger Patronen-haken complicirt aber die Mechanik —, so ist Dies für ein Jagdgewehr nicht von besonderer Bedeutung, bei welchem Einfachheit in der Construction, leichte und bequeme Reinigung und Dauerhaftigkeit die Hauptsache ist.

Auch in anderen Gewehrfabriken Deutschlands werden Zündnadel-Jagdgewehre, wenn auch ganz vereinzelt, gebaut. Gewöhnlich sind sie ähnlich construirt, wie das in §. 30 beschriebene und haben auch dieselben oder noch grössere Fehler und Mängel, als die Dreyse'schen Gewehre.

Vierte Kategorie.

VIII. Capitel.

§. 33.

Bei den Gewehren dieser Kategorie ist im Gegensatz zu den Zündnadel-Gewehren mit horizontalem Nadelstoss, die Mechanik des Schlosses von der Verschlussmechanik vollständig getrennt. Das Schloss ist gewöhnlich construirt, wie das eines Percussions-Gewehres. Der Hahn schlägt auf eine auf dem Lauf liegende Feder, an welcher eine kurze nagelförmige Nadel befestigt ist. Hierdurch wird letztere senkrecht durch den Lauf in die Zündmasse der Patrone getrieben. Die abgeschossene Hülse wird von der Nadel im Laufe festgehalten und muss also durch eine besondere Mechanik entfernt werden.

Zündnadel-Gewehre mit senkrechtem Nadelstoss existiren bis jetzt nur in wenigen Modellen. Ob sie zu Militärwaffen tauglich sind, will ich dahin gestellt sein lassen. Als Jagdwaffen werden sie, ich glaube Dies jetzt schon mit Gewissheit aussprechen zu können, niemals in Anwendung kommen.

Wenn wir uns nun nach vorstehenden Betrachtungen die Frage vorlegen, welches von allen den bis jetzt existirenden Hinterladungs-Gewehren zum Jagdgebrauche das beste sei, so werden wir ohne uns lange besinnen zu müssen, darauf antworten: das *Lefaucheux-Gewehr*.

Die vielen Vorzüge desselben treten allen anderen Hinterladern gegenüber zu evident hervor, um uns darüber im Zweifel zu lassen. Es erfreut sich einer täglich sich steigernden Anerkennung und Aufnahme. Seine Verbreitung beschränkt sich nicht mehr blos auf die Staaten Europas, sondern es ist bereits bis in die überseeischen, ja sogar in manche halbcivilisirte Länder eingedrungen.

Die Hinterladungs-Gewehre der ersten Kategorie haben als Militär- und Jagdwaffen ihre Zukunft vollständig verloren und ich habe desshalb nicht nöthig, noch etwas Besonderes über diese Gewehre zu sagen.

Die Zündnadel-Gewehre haben nur im Norden, als im vorwiegend preussischen Theile von Deutschland, einige Verbreitung gefunden; in andern Ländern sind sie nicht eingeführt worden. Aber auch in Nord-Deutschland erkennt man jetzt ihre Fehler und gewiss werden sie auch dort bald dem Lefaucheux-Gewehre weichen müssen.

Ausser diesem eignet sich von den anderen Hinterladern noch am besten das Lancaster-Gewehr zum Jagdgebrauch, wenn es auch nicht alle Vorzüge des Lefaucheux-Gewehres in sich vereinigt.

Neben dem Lefaucheux-Gewehre hat sich bis jetzt auch das alte *Percussions - Gewehr* unter den Jägern erhalten, weil es in vielen Gegenden als Jagdwaffe vollständig genügt. In solchen Ländern, wo grosse ebene Felder sind, und wo man häufig Feldtreibjagden abhalten sieht, auf welchen in einem Tage oft viele hundert Hasen erlegt werden, da ist es ohne Zweifel angenehmer, ein Lefaucheux-Gewehr zu führen, als ein Percussions-Gewehr und dort hat auch bereits das erstere dem letzteren die Herrschaft streitig gemacht. In waldigen Gegenden aber, oder in solchen, wo Wald und Feld abwechseln, genügt in den meisten Fällen das Percussions-Gewehr.

Nach allem dem wird es bei Anschaffung eines Hinterladers zum Jagdgebrauche stets am gerathensten sein, das Lefaucheux-System zu wählen. Handelt es sich überhaupt um Anschaffung irgend eines Jagdgewehres, so wähle man zur Büchsflinte und Doppelbüchse immer dieses System. Als Doppelflinte kann das Percussions-Gewehr das Lefaucheux-System in sehr vielen Fällen vertreten und es ist gewiss, dass sich dasselbe als Jagdwaffe noch lange, vielleicht so lange als Jäger und Jagd bestehen, neben dem Lefaucheux-Gewehr und anderen Hinterladungs-Systemen erhalten wird.

Anhang.

Ueber Schiessenlernen.

Wenn Abends nach einer Treibjagd die Jäger sich in heiterem Kreise versammeln, um bei Bier oder Wein die Ereignisse des Tages in gemüthlicher Unterhaltung auszutauschen, und so gewissermaassen noch einmal die Mühen und Freuden der Jagd durchleben, so ist dem stillen Beobachter nicht selten Gelegenheit geboten, auch über Schiessen, Schiessenlernen, Fehlen und Treffen die verschiedensten, ja oft sogar widersprechendsten Ansichten zu hören. Da erzählt der eine, dass er beim Abdrücken dem flüchtigen Wilde immer vorhalte, ein anderer meint im Gegentheil, dass man niemals vorhalten müsse, er sehe überhaupt beim Schiessen nie das Korn, sondern nur die Creatur an und treffe doch; ein Dritter behauptet gar, dass man auf das laufende Haarwild abkommen müsse, wenn es gerade im Niedersprunge begriffen sei u. s. f. Dazu preist gewöhnlich jeder die Güte seines Gewehres, die sich aber in Wirklichkeit vielleicht noch selten bewährt hat. Auch über das Laden und den Brand der Flinten hört man bei solchen Gelegenheiten oft merkwürdige Erörterungen. Dies mag denn die Veranlassung sein, dem vielbesprochenen Gegenstande hier noch einige besondere Bemerkungen zu widmen.

Daher sollen ausser demjenigen, was schon in den §§. 16 und 20 über das Anschiessen der Flinten und Büchsen vorgekommen ist, die folgenden Zeilen dem angehenden Jäger Anleitung zum Schiessenlernen geben und ihn darüber aufklären, wie er auf die verschiedenen Entfernungen beim Schiessen mit Flinten und Büchsen zu visiren habe.

Nach dem Gesetz vom Parallelogramm der Kräfte kann der Schuss aus einem bewegten Büchsen- oder Flintenrohre niemals in der Richtung gehen, welche das Rohr im Augenblick des Abkommens hat, sondern immer seitwärts in der Richtung der Flintenbewegung. Ich entnehme von Kobell's „Wildanger" die folgende Notiz, die sich auf ein Gutachten des Professors der Physik, Herrn Jolly zu München, gründet. „Wenn sich der Büchsenlauf ac von a nach b bewegt und in b abgeschossen wird, so steht der Lauf in der Richtung cn, die Kugel aber geht nicht nach n, weil sie zwei Bewegungen erhält, eine von a nach b und diejenige von c nach n. Sie geht nach dem Gesetz vom Parallelogramm der Kräfte in der Richtung der Diagonale bp, und trifft also nicht den Punkt n, sondern den Punkt p

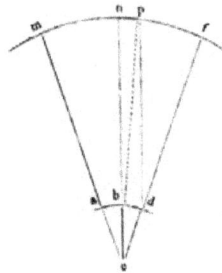

Wenn ein mittelmässig flüchtiger Hirsch 30 Fuss Weges in der Sekunde macht (bei einem Rennpferd nimmt man 50 Fuss an) und er ist vom Büchsenrohr 100 Schritte oder 250 Fuss entfernt, und wenn mn die Strecke von 30 Fuss oder den angenommenen Weg in einer Sekunde bezeichnet, so berechnet sich der Weg, den das mitfahrende Rohr (dieses zu 2½ Fuss. Länge) macht, in derselben Zeit nahezu auf ⅓ Fuss Nun macht eine Büchsenkugel einen Weg von 1000 Fuss in der Sekunde, braucht daher zu 250 Fuss Weges ¼ Sekunde. Ohne Mitfahren auf den, wie angenommen, flüchtigen Hirsch abgeschossen, wird dieser also ¼ seines Weges machen oder 7½ Fuss, bis die Kugel ankommt. Sie wird ihn also sicher nicht treffen. Fährt man aber mit, so ist der Gewinn auch nur ⅓ Fuss, d. h. es ist so viel, als wenn der Hirsch statt 7½ Fuss nur 7⅙ Fuss in der Viertelsekunde machte, aber dabei wird er wieder nicht getroffen, denn man kann die Länge des Leibes des Hirsches, auf welchen man schiesst, nur zu 5 — 5½ Fuss annehmen. Rechnet man das Blatt 1 Fuss vom Brustrand, so hat man also 6⅙ Fuss oder mehr, als die volle Hirschlänge vor dem Hirsch abzukommen, um ihn *aufs Blatt* zu treffen. Bei 50 Schritte Entfernung beträgt es natürlich die Hälfte oder ein Vorhalten von etwa 3 Fuss, wenn man das Blatt treffen will. Hält man nicht so weit vor, so trifft man den Hirsch wohl, aber je nach dem Abziehen am Brustrand oder am Blatt entweder waidwund oder auf den Schlegel. Fährt man, auf's Blatt zielend, mit und dann rasch vor, wie gewöhnlich geschieht, so gewinnt man immer noch Einiges, doch beträgt der Unterschied von den eben gemachten Angaben nicht viel.

Beim Schrotschiessen auf 45 Schritte oder näher ist solches Vorhalten weniger nothwendig, weil die Schrotkörner einen Raum in 1½ Fuss Durchmesser noch ziemlich decken und schiesst man auf ein flüchtiges Reh in dieser Weite, so hat man wegen seiner Körperlänge von 4 Fuss etwa nur 1 — 1½ Fuss vorzuhalten, um ihm noch einen *guten* Schuss zu geben, bei einem Vogel aber 2½ — 3 Fuss, wenn er mit der Geschwindigkeit von 30 Fuss in der Sekunde vorbeistreicht.

Ein Steinadler macht im stärksten Zuge 75 Fuss Weges in der Sekunde. Um ihn auf 100 Schritt Entfernung in dieser Bewegung zu schiessen, hat man gegen 18 Fuss oder 6 Adlerlängen vorzuhalten. Diese Rechnungen gelten für ein unverweiltes Abziehen beim

Vorfahren, ein Aufenthalt dabei vergrössert natürlich das Vorhalten noch mehr.

Bei der Saatkrähe beträgt die Geschwindigkeit 25 — 30 Fuss in einer Sekunde, bei einer Taube 40 und mehr.

Im November 1825 wurden 56 Lütticher Tauben in London losgelassen um 4 Uhr 34 Minuten Morgens. Eine traf um 10 Uhr 25 Minuten in Lüttich ein, die andern bis Mittag; die erste hatte demnach 10 deutsche Meilen in einer Stunde gemacht, was 65 Fuss in einer Sekunde gibt, die übrigen 52 Fuss in einer Sekunde. Die Wandertaube in Nordamerika legt 140 deutsche Meilen in 24 Stunden zurück. Zieht man davon 8 Stunden für die Nachtruhe ab, so erhält man die Geschwindigkeit von 64 Fuss in einer Sekunde. Ein Falke hat beiläufig die Geschwindigkeit von 68 Fuss in einer Sekunde.

Es ist gewiss jedem Schützen vorgekommen, dass er auf einem Wechsel, z. B. an einem Waldwege, ein flüchtig zur Seite passirendes Wild nicht gleich sah und, sich nun in grösster Schnelligkeit drehend, den Schuss hinwarf, ohne zum Vorhalten zu kommen, und dass er dabei gut getroffen. Das erklärt sich daraus, dass die durch die schnelle Wendung mitgetheilte Bewegung sehr gross war und dadurch für den Schuss ebenso viel gewonnen wurde, als mit einem regelrechten Vorhalten bei gewöhnlichem Mitfahren." „Die Theorie ist übrigens hier gegen die Praxis ebenso grau, wie anderwärts", bemerkt sehr richtig von Kobell dazu. —

Bei Schrotschüssen auf die gewöhnlichen Entfernungen bis zu 30 M. ist ein Vorhalten auf alles laufende Wild *nicht* nöthig, wenn man beim Abdrücken gehörig mitzieht. Freilich muss jeder breitflüchtigen Creatur das Leben vorn gesucht werden, d. h. man muss beim Haarwilde vorn auf dem Blatt und beim Federwilde auf dem Schnabel und nicht auf dem Schwanz abkommen und darf im Moment des Abdrückens nicht einhalten (ein Fehler so mancher Jäger), sonst wird der Schuss hinter dem Zielobjekt einschlagen. Bei Federwild können jedoch Ausnahmen von dieser Regel stattfinden.

So wird man auf vorbeistreichende Tauben und Falken, wenn sie im stärksten Zuge sind, allerdings auch auf nähere Entfernungen mehr oder weniger vorhalten müssen.

Bei weitergeführten Schüssen auf 40—55 M. muss auch dem flüchtigen Haarwilde *vorgehalten* werden.

Einem breitflüchtigen Hasen muss auf 40 M. Entfernung das Korn des Schützen wenigstens um 0,5 M. voraus sein; ebenso ist dabei ein geringes Darüberhalten nöthig.

Das richtige Abschätzen und darnach bemessene Zielen auf weitere Distanzen ist beim flüchtigen Schiessen eine schwierige Sache; dazu hat das Schrot, mag es auch aus der schärfsten Flinte kommen, auf diese Entfernungen nicht immer die nöthige Durchschlagskraft und so kommt es, dass auch der beste Schütze bei weitem Zuschiessen, namentlich im Holze, öfteres Fehlen oder zu Schandenschiessen nicht wird vermeiden können. Wer daher für einen ächten und rechten Jäger gelten will, der mache sich zum Gesetz, mit Schrot, Nothfälle ausgenommen, nie weiter, als auf 32 M. Feuer zu geben.

Schiesst man in schräger Richtung von hinten, so halte man ebenfalls auf die Vordertheile, ganz von hinten aber bei Füchsen und Hasen zwischen das Gehör; auf Rehe unterbleiben solche Schüsse, wenn die Entfernung eine nicht zu geringe ist, am besten ganz.

Kommt der Hase gerade auf den Jäger zugelaufen, muss also spitz (auf den Stich) geschossen werden, so halte man etwas tiefer, zwischen die Vorderläufe. Weit darf in solchen Fällen nie geschossen werden, man lasse die spitzlaufende Creatur nahe herankommen. Bei Rehen, wo auch das Spitzschiessen möglichst zu vermeiden ist, halte man in diesem Falle auf den unteren Brustrand.

Mit dem Büchsenschiessen verhält es sich fast ganz so, wie oben mitgetheilt wurde. Auf nahe Distanzen genügt es, wenn man dem Hirsch oder der Sau auf dem Blatt oder am Brustrand abkommt, während bei weiteren Schüssen ein Vorhalten unerlässlich wird. Zu weites Fluchtschiessen mit der Büchse soll man, soviel wie möglich, vermeiden. Beim Birschen auf stehendes Wild ist die höchste Schussweite auf 60 M. anzunehmen.

Für Anfänger hat man, um ihnen Fertigkeit im Schiessen auf in Bewegung begriffene Gegenstände beizubringen, mancherlei in Vorschlag gebracht. Man warf Hüte oder mit Papier umwickelte Steine in die Luft, oder rollte hölzerne Teller oder Kegelkugeln querüber, worauf sie schiessen mussten. Uebung im Büchsenschiessen am Scheibenstande ist für den angehenden Jäger ein Haupterforderniss, wobei man ihn besonders darauf aufmerksam zu machen hat, dass er die Büchse nicht verdrehe und dass er, wie Dies zum

Jagdschiessen durchaus nöthig ist, sich daran gewöhne, stets mit gestrichenem Korn auf (nicht unter) den Fleck zu zielen. Auch ist es sehr vortheilhaft, wenn man den Anfänger häufig auf eine in Bret ausgeschnittene Wildfigur (Hirsch, Rehbock), welche vermöge einer besonderen Vorrichtung am Scheibenstand in verschiedenem Tempo hin und hergezogen werden kann, schiessen lässt.

Solche Vorübungen sind ganz gut; aber doch wird ein junger Mann sich zum guten und besonnenen Schützen nur dann wirklich heranbilden, wenn ihm, und zwar unter der Führung eines guten Jägers, häufige Gelegenheit zur Ausübung jeder Art von Jagd geboten ist. Ein hitziger und mittelmässiger Schütze taugt natürlich zum Lehrmeister nicht, sondern wird den Anfänger ganz verderben. Wegen Fehlschüssen darf der junge Jäger nicht rauh und brutal angelassen werden, weil man dadurch nichts gut macht, wogegen alles unvorsichtige, hitzige und zu weite Zuschiessen streng gerügt werden muss. Selbstverständlich ist besondere Vorsicht beim Laden und beim Gebrauch der Gewehre, besonders der Büchse, dringend anzuempfehlen.

Erst dann, wenn der Jugend erstes Feuer vorüber ist, wenn, wie man zu sagen pflegt, ihn das „Hirschfieber" verlassen hat, darf man den jungen Jäger mit auf Gesellschafts-Jagden nehmen. Hier ist ihm wieder einzuschärfen, dass er nicht, namentlich mit der Büchse ins Treiben, wie die Treibwehr schon nahe gerückt ist, und auf die Linie, wo die anderen Schützen stehen, schiesst, denn es ist bei einer Treibjagd nichts unangenehmer, als wenn hitzige Schützen, sog. „Knochenbrecher", geduldet werden.

Uebrigens legt sich die Jagdhitze bei den meisten Jägern [56]) bald. Wie in anderen Sachen die Menschen eben ganz verschiedene Anlagen zeigen, so ist es auch mit dem Schiessen. Der eine ist in kurzer Zeit ein guter Schütze, der andere bildet sich erst nach und nach dazu aus. Wem bei guten Augen und natürlichen Anlagen eine gute Anleitung und häufige Uebung nicht gefehlt hat, der wird gewiss bald ein guter Jäger werden. Doch gibt es auch Leute genug, welche niemals schiessen lernen und die man auf jede Creatur, sie mag ihnen anlaufen wie sie will, die beiden Läufe des Gewehres meistens erfolglos lösen sieht. Den

---

[56]) D. h. bei gebildeten Menschen: der Bauer wird immer der Bauer bleiben, der wegen eines Häschens die Beine oder das Hintertheil seines Nachbarschützen wenig berücksichtigt.

ersten Schuss feuern sie gewöhnlich nur so ins Gelag hinein, erst beim zweiten wird an Zielen oder Nachfahren gedacht, dann ist aber die Creatur gewöhnlich schon zu weit und wird gefehlt oder nur leicht angeschossen. Diese bezeichnet man mit dem Namen „Lottoschützen", d. h. solche, bei denen auf 95 Fehlschüsse 5 Treffer kommen.

Es wird zuweilen empfohlen, beim Zielen das linke Auge nicht zuzudrücken, sondern mit beiden offenen Augen zu schiessen. Wer sich daran gewöhnen kann, mag es thun, einen besonderen Nutzen hat es jedenfalls nicht.

Von solchen Schiessvirtuosen, die, wenn das Wild auf der linken Seite herausgeht, rechts und umgekehrt, wenn es zur rechten Seite herausgeht, links anschlagen, habe ich wohl schon öfter reden hören, bis jetzt aber noch nicht das Glück gehabt, einen solchen zu sehen und muss offen gestehen, dass ich dieses Verfahren für höchst unbequem, wenn nicht für ganz unmöglich halte. Wer mit dem rechten Auge zielt, wird unter allen Umständen am besten und bequemsten auch rechts anschlagen; wer aber mit dem rechten Auge nicht gut sieht, oder von Natur gewohnt ist, Alles links anzufassen, der schiesse links, lasse aber auch das Gewehr alsdann links schaften.

Schliesslich erwähne ich noch, dass es nicht rathsam ist, häufig mit den Gewehren zu wechseln, namentlich bald strack, bald krumm geschaftete Gewehre zu führen. Wer sich an ein strack geschaftetes Gewehr gewöhnt hat und dann ein krumm geschaftetes nimmt, wird sicher in der ersten Zeit zu kurz schiessen, im anderen Falle umgekehrt.

Druckfehler.

Seite 1 rechte Spalte Zeile 23 von oben lies M. statt Ml.
„ 2 linke   „   „   4 „   „   ist und zu streichen.
„ 3 rechte   „   „   13 „ unten lies abgefeilt st. gefeilt.
„ 4   „   „   „   17 „   „   „   und st. es.
„ 6 Anmerk. 5 lies Graham-Otto, Lehrbuch der Chemie, st. Graham-Otto, Chemie.
„ 6 rechte Spalte Zeile 23 von oben lies Jagdpulver st. Jagdvulver.
„ 7   „   „   „   16 „ unten   „   reiner st. reine.
„ 10 linke   „   „   23 „   „   „   Xylosteum st. Hylosteum.
„ 13 Anmerk. 12 lies schüttet st. schüttelt.
„ 15 rechte Spalte Zeile 14 von unten lies edle st. alle.
„ 20   „   „   „   20 „ oben   „   zusammenhängendem st. zusammenhängendes.
„ 24 linke   „   „   7 „   „   „   ¹/₁₀ bis ³/₄ Umlauf st. ³/₁ bis einen ganzen Umlauf.

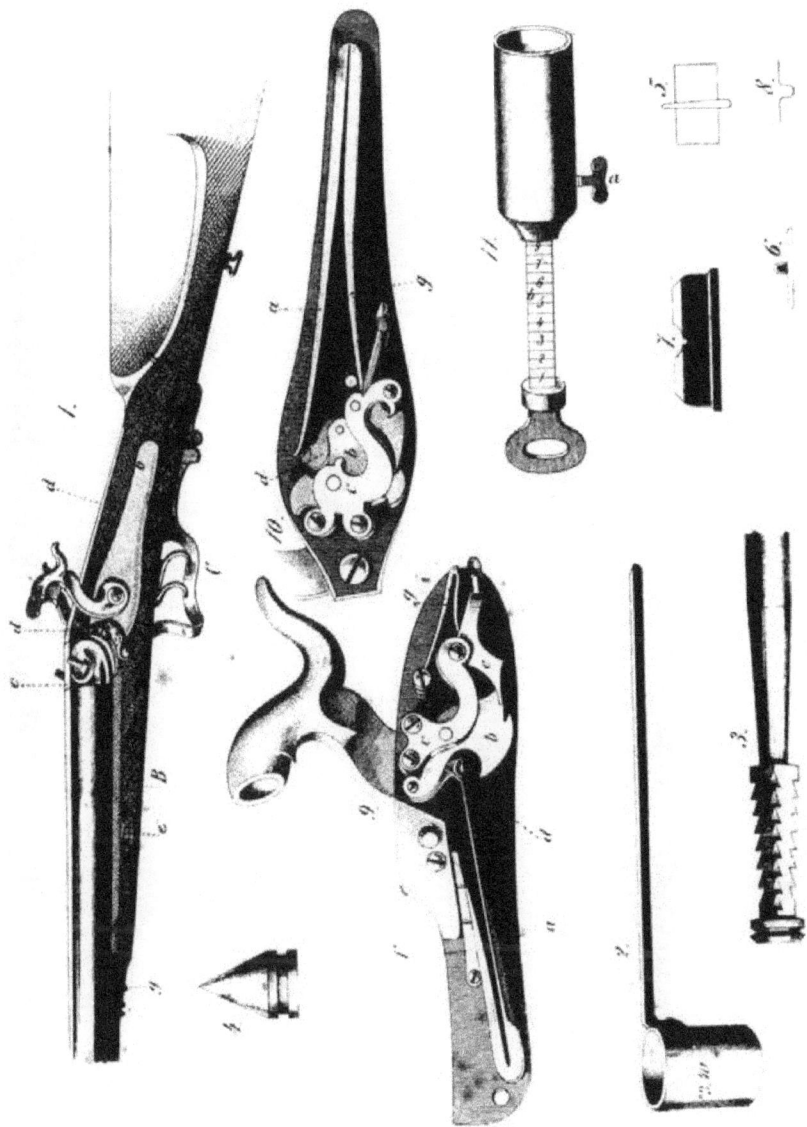

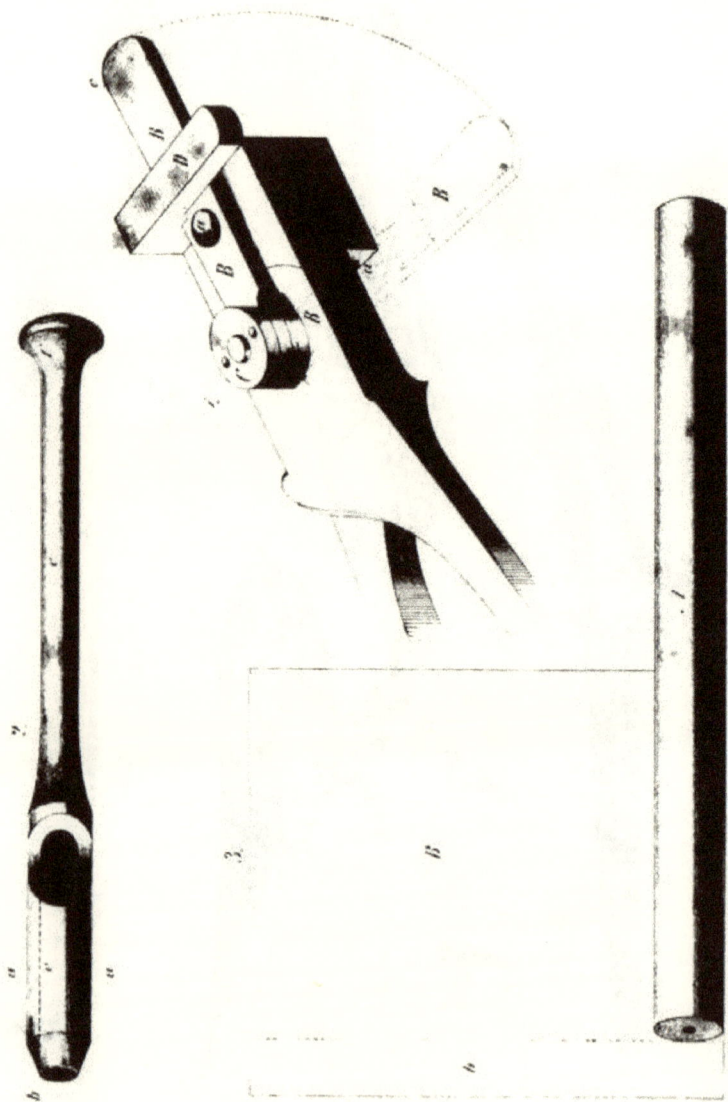

Tal. II.

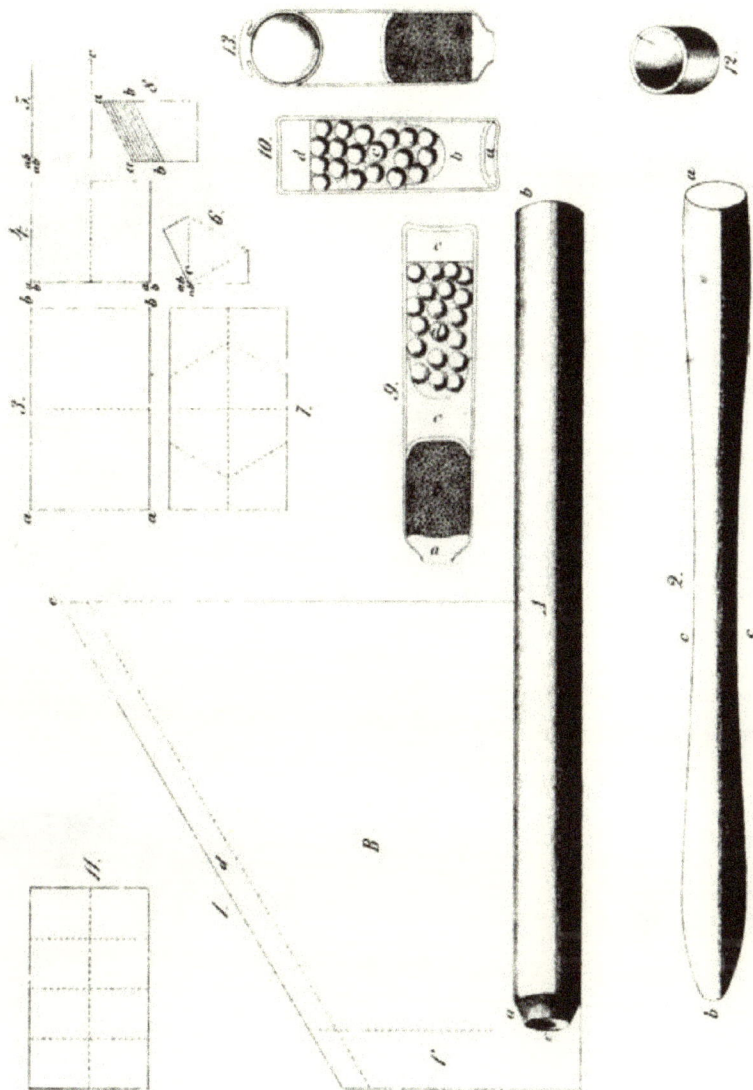

Taf. III.

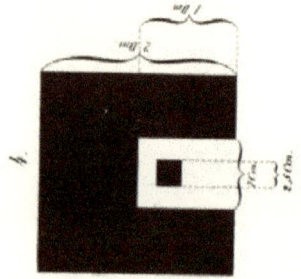

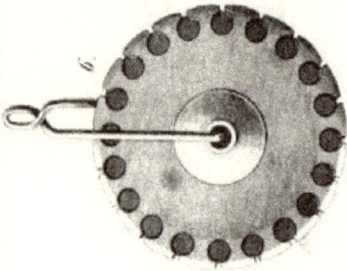

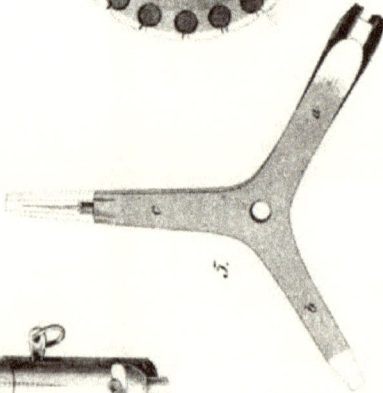

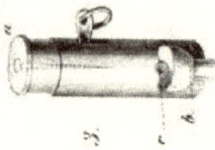

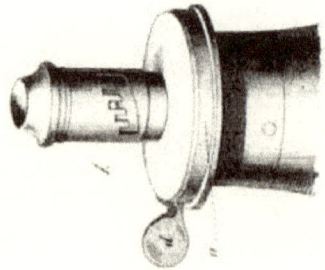

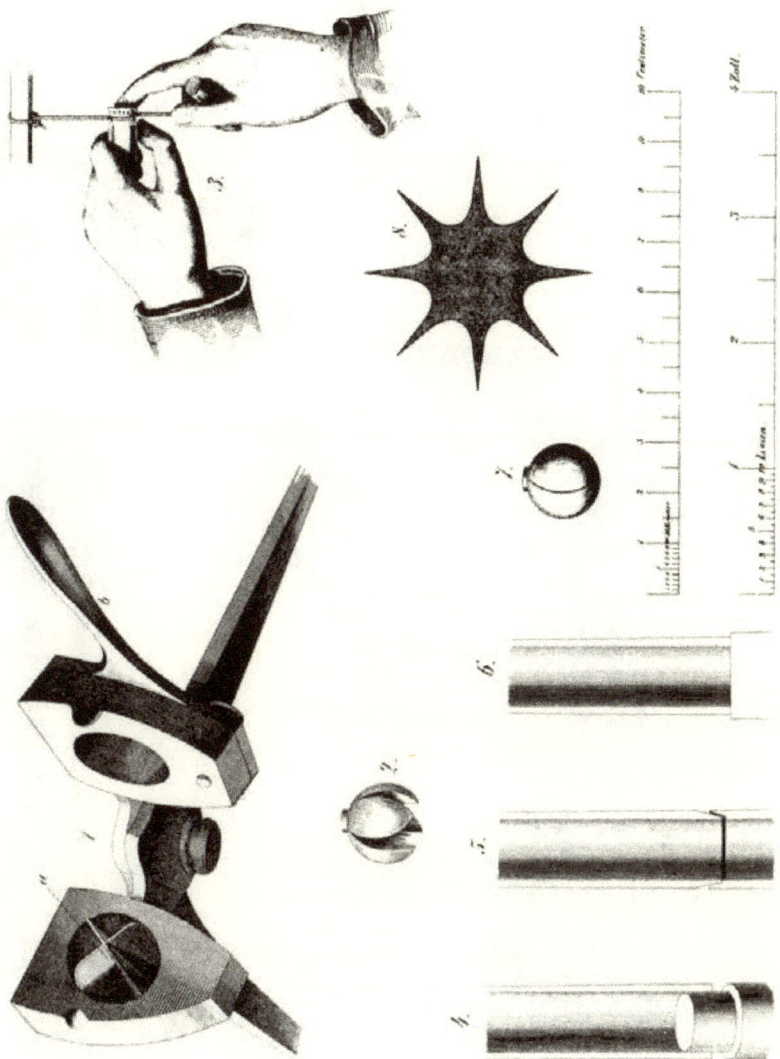

Taf. V.

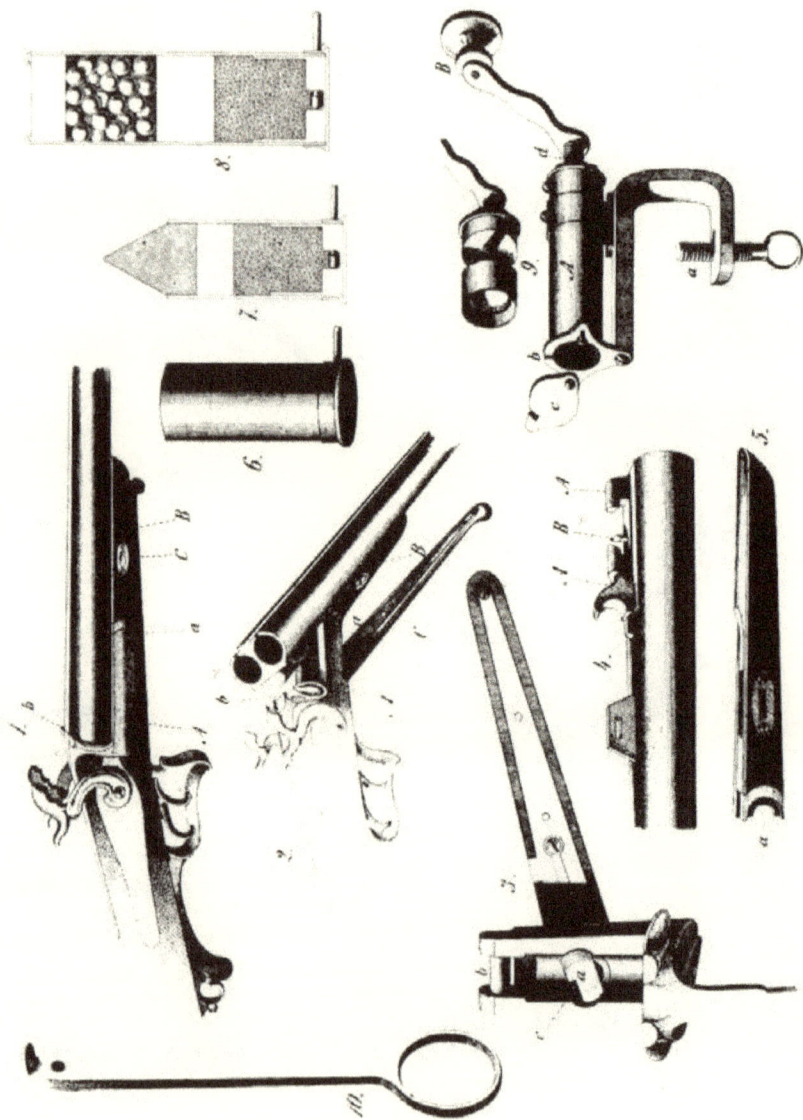

Taf. VI.

Taf. VII.

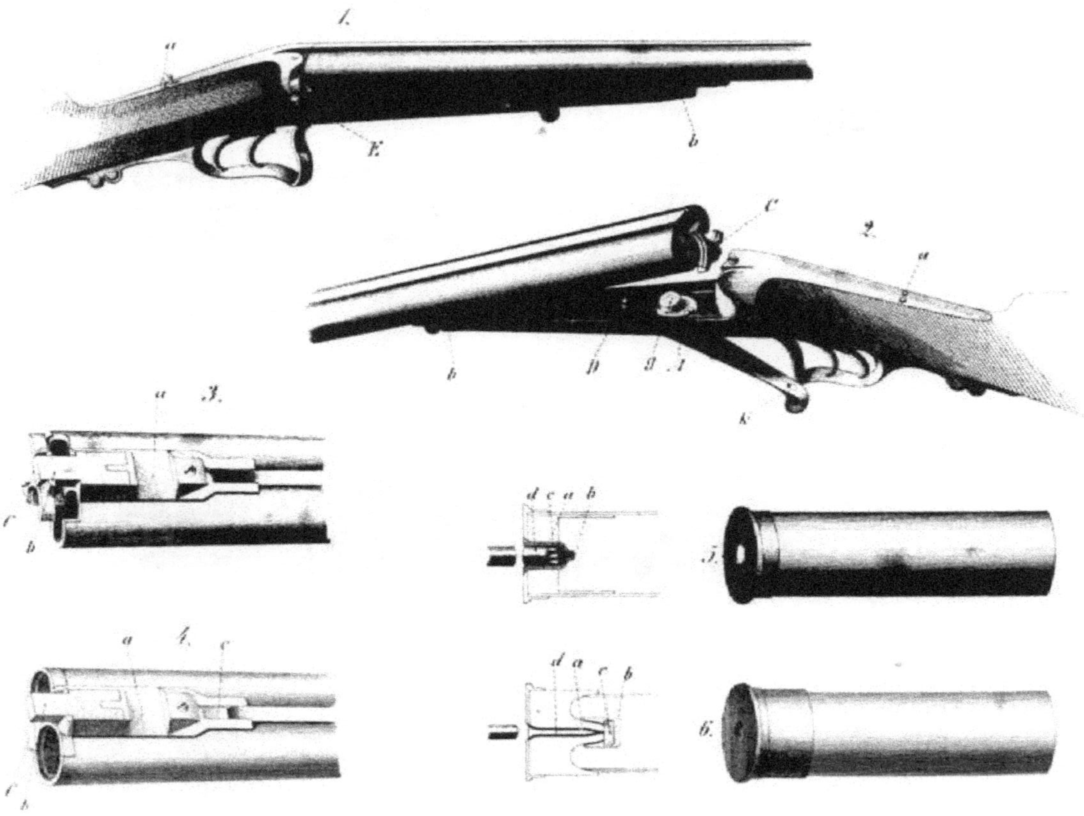

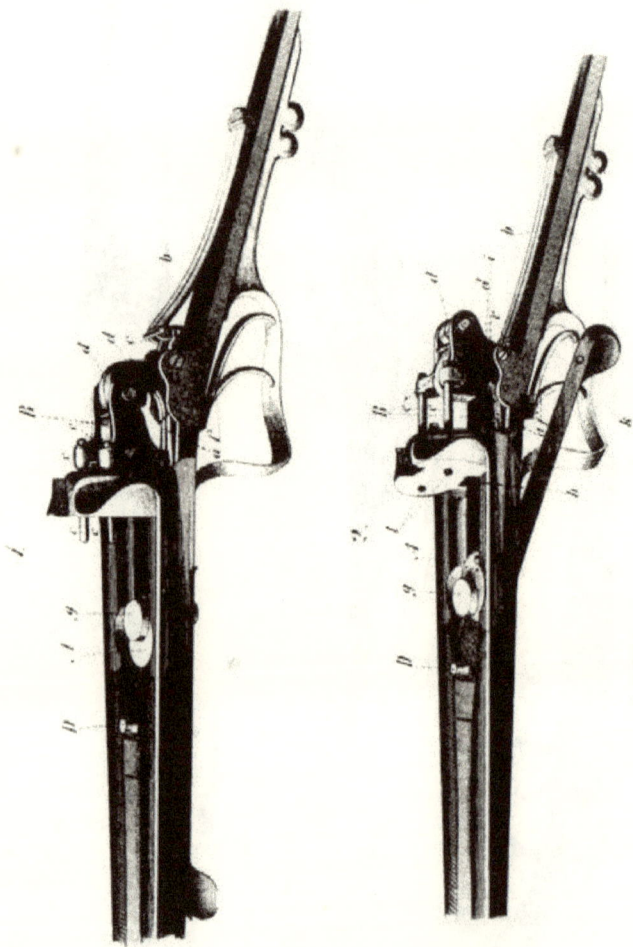

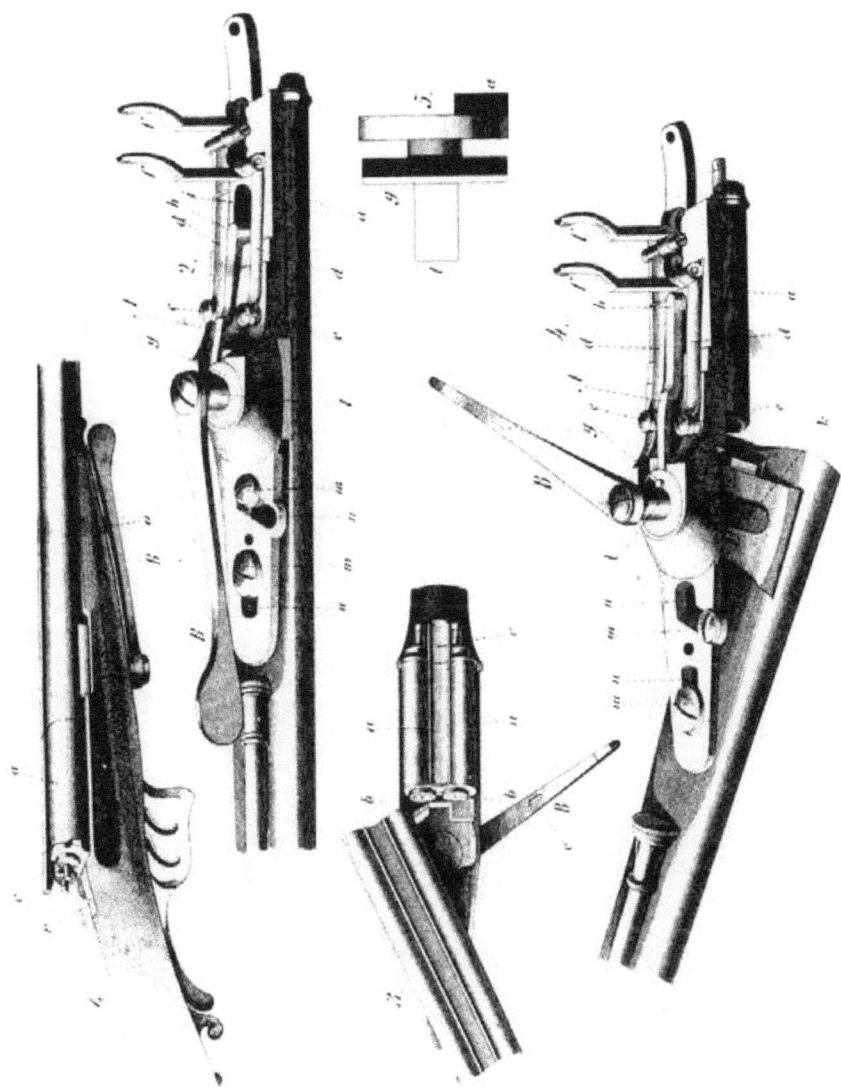

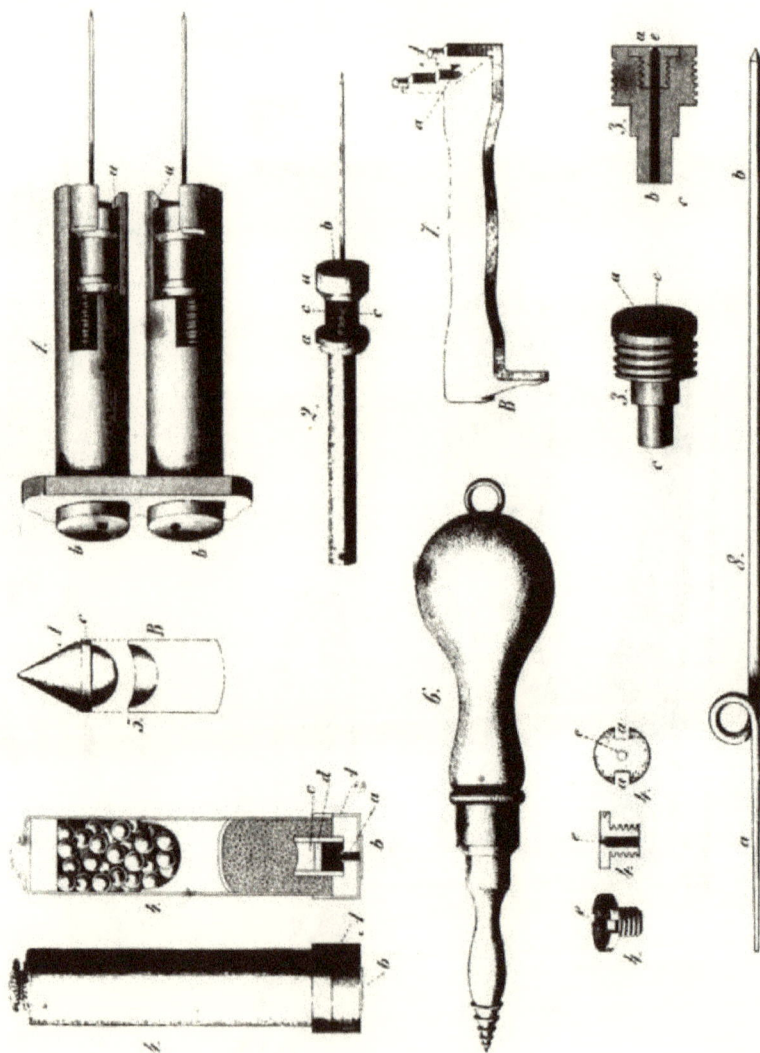

Taf. X.